LA GÉNÉRATION TÉFLON

L'ENFANT SUR QUI RIEN NE COLLE

Données de catalogage avant publication (Canada)

Kemp, Daniel
La génération téflon
ISBN 2-7640-0022-7
1. Enfants - Psychologie. 2. Enfants difficiles - Éducation. 3. Comportement, Troubles du, chez l'enfant. I. Titre.
BF721.K45 1995 155.4 C95-941136-4

LES ÉDITIONS QUEBECOR
7, chemin Bates
Bureau 100
Outremont (Québec)
H2V 1A6
Tél.: (514) 270-1746

Dépôt légal, 4e trimestre 1995

Bibliothèque nationale du Québec
Bibliothèque nationale du Canada
ISBN: 2-7640-0022-7

Éditeur: Jacques Simard
Coordonnatrice à la production: Dianne Rioux
Conception de la page couverture: Bernard Langlois
Révision: Sylvie Massariol
Correction d'épreuves: Claire Morasse
Infographie: Atelier de composition MHR inc., Candiac
Impression: Imprimerie L'Éclaireur

Daniel Kemp

LA GÉNÉRATION TÉFLON

L'ENFANT SUR QUI RIEN NE COLLE

GORDON FRANCE - Béatrice BELLISA
22, rue Royale - 75008 PARIS
Tél. : (1) 45 63 65 65 / 42 60 16 30
Fax : 40 15 09 38

Les Éditions Quebecor

Introduction

Mon enfant est un vrai monstre! Il n'écoute pas, il n'obéit pas, il passe son temps à manipuler les gens autour de lui, il est impoli et a toujours raison. J'ai tout essayé, rien à faire...

Ce discours, je l'ai entendu des milliers de fois, tant au Québec, qu'en Ontario, au Nouveau-Brunswick, en France, en Belgique et en Suisse! J'ai même vu un jeune de sept ans se rouler par terre, devant des dizaines de personnes éberluées, en feignant une crise d'épilepsie, et tout ce scénario avait un but: manipuler ses parents.

Je connais aussi un enfant qui a simulé la stupidité jusqu'à l'âge de douze ans, c'est-à-dire jusqu'à ce que je le rencontre et fasse prendre conscience à son entourage qu'il était très intelligent. Un autre enfant, âgé de quatre ans celui-là, a profité du fait que sa mère était à l'extérieur pour verrouiller toutes les portes, puis il a vidé le réfrigérateur et mangé tout ce qu'il avait envie d'avaler. Sa mère, ahurie, ne pouvait que le regarder de la fenêtre. C'est avec l'aide de la police et d'un serrurier que la pauvre femme est parvenue à réintégrer son domicile.

Des enfants monstres? Des enfants mal élevés? Ou un nouveau type de jeunes? Plusieurs spécialistes de l'enfance affirment que ces enfants sont le fruit d'un contexte familial et social inadéquat et que le manque d'encadrement et de discipline est la cause de ce phénomène. Ils ont en partie raison. Plusieurs jeunes sont de véritables pestes parce que les parents ont démissionné de leur rôle de guide. Mais il existe pourtant des familles où le père et la mère sont bien présents, où ils encadrent correctement leur progéniture et où, malgré tout, un petit monstre apparaît.

Les intervenantes et intervenants, qu'ils soient psychologues, professionnels de l'éducation ou travailleurs sociaux, sont souvent confrontés à ce type de jeune sur qui le système traditionnel d'intervention ne colle pas, ou colle très mal. Car ces jeunes échappent de fait aux méthodes d'éducation habituellement utilisées, c'est pourquoi on les qualifie de téflons.

Ces jeunes sont différents des autres et, pour devenir de bonnes personnes, ils ont besoin d'un encadrement différent de celui qu'on leur présente la plupart du temps. Ils gèrent leur affectivité différemment, ils sont très intelligents, précoces, manipulateurs, et présentent plusieurs caractéristiques qui expliquent l'échec du système traditionnel d'éducation, tant familial que scolaire.

Ces enfants téflons sont toutefois facilement éducables. Mais, pour ce faire, il faut user de stratégies nouvelles, mieux adaptées à leur nature. C'est ce que je présente dans ce livre.

La première partie de cet ouvrage, qui est consacrée aux caractéristiques des enfants téflons, explique comment ce type de jeune est conçu psychologiquement et émotivement. Tout cela nous permet de mieux comprendre les problèmes qu'ils vivent... et qu'ils causent.

Les parties subséquentes présentent des modèles d'intervention ainsi que des outils efficaces pour éduquer les enfants téflons. Nous verrons également comment agissent les personnes qui n'ont pas de difficulté avec ce type de jeunes.

Les parents et les enseignants qui utilisent ces stratégies pédagogiques ont tous de très bons résultats avec les enfants téflons. Dans certains cas, il faut user de patience envers soi-même et se donner le temps de modifier sa façon de faire, mais les résultats en valent la peine. Je le dis ici, mais je le répéterai tout au long de ce volume: la pédagogie adaptée à l'enfant téflon est bénéfique pour tous les enfants et pour les adultes qui vivent avec eux.

PREMIÈRE PARTIE

Les caractéristiques de l'enfant téflon

On pense généralement, lorsqu'un jeune sort un peu des chemins tracés par la société, lorsqu'il devient marginal, qu'il a nécessairement un problème et qu'il a besoin d'aide. Un enfant qui répond à un adulte est perçu comme un jeune impoli. De fait, nous avons souvent tendance à rechercher l'enfant modèle, celui qui obéit, qui garde sa chambre bien rangée, qui réussit à l'école, qui est plaisant en société, qui dit merci, qui ne nous interrompt pas lorsque nous discutons avec d'autres personnes et qui se couche à l'heure que nous voulons. Mais ce genre d'enfant, très rare, est un esclave parfait.

En fait, ce que plusieurs personnes voudraient avoir, c'est un jeune qui n'existe pas lorsqu'ils n'en veulent pas, et qui est là lorsque ça leur plaît.

Une grande partie des méthodes d'éducation est basée sur ce désir inconscient d'avoir cet esclave, cet enfant modèle. Notre société considère toujours l'obéissance chez l'enfant comme une grande qualité, mais cette obéissance ne sert souvent que l'adulte. Quoi qu'on en dise, elle est rarement conçue pour servir le jeune.

Une grande partie de la stratégie pédagogique conventionnelle est basée sur ce besoin d'avoir un enfant présentable, gentil, poli, obéissant, « normal ». La majorité des jeunes se plieront tant bien que mal à l'assaut répété de nos méthodes d'éducation, mais certains résisteront tellement que, non seulement nous ne pourrons pas les faire plier, mais nous créerons justement ce que nous voulons éviter, un enfant monstre.

L'enfant téflon n'est pas un jeune malade. Il n'a pas de problèmes psychologiques ni émotifs. Il peut en développer, mais le fait d'être téflon n'est pas synonyme de maladie ou de désordre. L'enfant téflon n'est pas non plus un enfant à problèmes. Dans un contexte trop traditionnel d'éducation, il peut néanmoins le devenir.

Ce qu'il faut retenir, c'est que l'enfant téflon est un enfant sain, qui a un bel avenir devant lui, comme n'importe quel autre jeune. Mais il est différent, et nous devons donc agir différemment envers lui. Il n'est pas plus difficile à éduquer si nous savons comment nous y prendre.

CHAPITRE 1

Pourquoi est-il téflon ?

Être téflon, c'est être différent. Il est important de percevoir cette différence comme étant positive. D'ailleurs, plusieurs enfants téflons deviennent des adultes productifs et heureux. En revanche, dans un contexte d'éducation familiale et scolaire mal adapté, certains jeunes se transforment en enfants à problèmes.

Si je qualifie ces jeunes de téflons, c'est uniquement parce que les méthodes traditionnelles ne collent pas sur eux. C'est tout. Et ces méthodes ne collent pas parce ces enfants sont fondamentalement différents des autres. Ce n'est pas uniquement l'éducation qu'ils reçoivent qui les rend différents, et ce ne sont pas leurs parents qui les poussent à devenir téflons. Autrement dit, il y a des enfants téflons dans les familles riches comme dans les pauvres, dans les foyers monoparentaux comme dans les familles constituées des deux parents. Le milieu ne semble pas générer le phénomène téflon. Il est par contre déterminant sur le comportement de l'enfant.

Donc, les enfants téflons ne le deviennent pas et le milieu ne les engendre pas. Toutefois, leur comportement est déterminé par le contexte de vie dans lequel ils se trouvent, par leur « téflonnerie ».

Comme pour tous les enfants, les cadres familial, social et scolaire sont déterminants. Mais, dans une situation précise, un enfant téflon ne réagira pas comme les autres. C'est que l'enfant téflon, qui est très intelligent, s'adapte mal. Certains chercheurs avancent que l'intelligence permet à l'humain de s'adapter. Plus une personne est intelligente, plus elle peut s'adapter. Selon moi, lorsque l'intelligence est très développée chez quelqu'un, elle devient un facteur empêchant l'adaptation, surtout si celle-ci doit se faire dans un contexte stupide, illogique et incohérent.

Une personne peu intelligente aura de la difficulté à s'adapter à de nouvelles situations. Une personne d'intelligence normale s'adaptera plus facilement. Mais, une personne très intelligente peut recueillir plus d'informations et en déduire que l'adaptation n'est pas faisable. Par exemple, si nous demandons aux femmes de recommencer à servir l'homme et de se considérer comme inférieures à lui, leur intelligence les empêchera de s'adapter à une telle requête. Elles auront plutôt une réaction de rejet et de révolte.

L'enfant téflon est un jeune intelligent qui gère sa vie psychologique, affective et intellectuelle de façon différente. Il est très important de ne pas juger, positivement ou négativement, ce type de jeunes. Il convient plutôt de le comprendre et de l'aimer tel qu'il est.

Il est à noter qu'une pédagogie ajustée à l'enfant téflon est bénéfique pour tous les autres jeunes ainsi que pour les adultes.

Comment reconnaît-on un enfant téflon ?

L'enfant téflon se différencie de quatre façons particulières de celui qui ne l'est pas. L'étude de ces quatre paramètres nous permet de mieux comprendre, entre autres, ce qui se passe dans sa tête. Et plus nous comprendrons comment il pense, plus nous pourrons vivre heureux avec lui et serons en mesure de l'aider à s'adapter à la société dans laquelle il vit.

Les quatre paramètres sont les suivants :

- il privilégie son intelligence dans sa communication avec l'extérieur ;
- il a un développement psychologique précoce ;
- il est puissant psychologiquement devant l'adulte ;
- il est difficilement manipulable par les émotions.

Ces quatre caractéristiques se retrouvent toujours chez un enfant téflon. Certaines nuances apparaissent cependant en fonction des contextes familial, social et scolaire dans lesquels vit le jeune. Nous verrons ces nuances plus loin.

Par comparaison, l'enfant qui n'est pas téflon est reconnaissable par ces quatre paramètres :

- il privilégie son « intellectuence » dans sa communication avec l'extérieur ;
- il a un développement psychologique plus lent que l'enfant téflon ;
- il est faible psychologiquement devant l'adulte ;
- il est facilement manipulable par les émotions.

Le tableau suivant permet de bien comparer ces différences :

Différences entre les deux types d'enfants	
Enfant téflon	Enfant non téflon
1. Il privilégie l'intelligence dans sa communication. 2. Il a un développement psychologique précoce. 3. Il est puissant psychologiquement devant les adultes. 4. Il est difficilement manipulable par les voies émotives.	1. Il privilégie « l'intellectuence » dans sa communication. 2. Il a un développement psychologique conventionnel. 3. Il est faible psychologiquement devant les adultes. 4. Il est facilement manipulable par les voies émotives.

Passons maintenant en revue ces caractéristiques importantes.

Il privilégie son intelligence dans sa communication avec l'extérieur

Pour bien comprendre ce facteur, il faut avant tout distinguer l'intelligence de l'« intellectuence ». Cette distinction illustre très bien d'ailleurs comment l'enfant téflon s'exprime et appréhende son environnement.

Dans le langage courant, l'intelligence définit un tas de choses. On dit de quelqu'un qui a de la mémoire qu'il est très intelligent. On reconnaît l'intelligence chez celui qui a une grande capacité à résoudre des problèmes, ou qui est un bon mathématicien, par exemple. Mais est-ce là de l'intelligence ? Celle-ci est-elle réellement liée à la mémoire, à la résolution de problèmes et à la pensée mathématique ? N'entend-on pas souvent la phrase suivante dans les institutions scolaires du monde entier : « Cet enfant est très intelligent, pourtant il ne réussit pas à l'école. »

L'intelligence et la réussite scolaire ne sont pas nécessairement liées. Un enfant peut faire preuve d'une intelligence supérieure et ne pas réussir à l'école. Un autre peut être moins intelligent et avoir de très bonnes notes. L'intelligence peut aider ou nuire à la réussite scolaire. En fait, l'intelligence se définit comme la capacité qu'a l'être humain d'apprendre sur le tas, d'être spontané, d'innover. L'« intellectuence » est plutôt la capacité qu'a l'être humain de se rappeler ce qu'il a appris lorsque c'est nécessaire. L'« intellectuence » est donc fortement utile pour réussir un examen scolaire, alors que l'intelligence peut permettre à un jeune d'innover, par exemple en trichant sans se faire attraper.

Les notions d'« intellectuence » et d'intelligence ne s'opposent pas. En effet, les enfants qui ne sont pas téflons sont souvent très intelligents eux aussi, mais ils privilégient surtout l'« intellectuence » lorsqu'ils communiquent. Pendant que l'enseignant donne son cours, ces jeunes sont capables de mémoriser l'information, d'être attentifs et de suivre les explications. Mais, pour l'enfant téflon, tout cela est plus compliqué. Il est sans arrêt dérangé par sa créativité, par sa spontanéité. Il a besoin de bouger, d'innover... de déranger.

Le fait de privilégier l'intelligence au détriment de l'« intellectuence » fait en sorte que l'enfant téflon met au point rapidement des stratégies mentales de résolution de problèmes. Dans bien des cas, cela fait de lui un grand manipulateur et un fin décodeur, un fin psychologue.

Il a un développement psychologique précoce

Lors des nombreux ateliers que j'ai donnés à des groupes de psychologues, quelques-uns d'entre eux auraient voulu redéfinir l'expression « développement psychologique ». En effet, plusieurs interprétations entourent cette notion. Pour certains, développement psychologique est synonyme de maturité émotive ; pour d'autres, c'est la capacité de se gérer soi-même ; pour d'autres encore, c'est la capacité de négocier avec son milieu.

Afin de vous aider à comprendre qui est l'enfant téflon, je comparerai son développement précoce avec celui d'un jeune dit « normal ».

Si vous vous adressez à un enfant téflon de trois ans comme vous le feriez avec un enfant non téflon du même âge, il est fort probable qu'il vous trouve un peu bizarre. Le jeune téflon de trois ans a probablement un développement psychologique équivalant à un enfant de cinq ou six ans. Parfois, il a une maturité similaire à celle d'un enfant de sept ans.

Donc, si nous communiquons avec un enfant téflon de la même façon qu'avec un autre jeune du même âge, nous sommes presque toujours en décalage sur ses capacités de compréhension, de réflexion et de communication. C'est ce qui explique, par exemple, que plusieurs jeunes aient tendance à côtoyer des personnes plus âgées qu'eux. Toutefois, ce n'est pas là un signe permettant à lui seul de reconnaître un enfant téflon.

Le développement psychologique précoce nous amène à devoir reconsidérer la relation que nous avons avec le jeune, car il est important de communiquer en fonction des qualités et des possibilités de l'être humain et non pas en fonction de son âge physique. Parce que les gens ont trop tendance à aborder un enfant en fonction de son âge, que ce soit à la maison ou à l'école, plusieurs problèmes typiques de l'enfant téflon surgissent.

Il en est de même en ce qui concerne le cadre dans lequel le jeune vit. Par exemple, à l'école, un enfant téflon de huit ans, dont la maturité psychologique est de deux ou trois ans en avance sur son groupe d'âge, peut éprouver certains problèmes caractéristiques. L'enseignante ou l'enseignant s'adaptera aux jeunes de huit ans et communiquera dans un langage qui leur est facilement accessible. Par contre, ses paroles paraîtront sans doute peu intéressantes, ni même intelligentes, à l'enfant téflon. En plus, les activités de la classe seront modelées en fonction des élèves de huit ans, et non pas en fonction du jeune téflon qui a, psychologiquement, dix ou onze ans. Alors apparaissent l'ennui, le déficit d'attention, l'« hyperexpressivité » et d'autres problèmes que vivraient normalement plusieurs jeunes non téflons âgés de plus de dix ans. Ce n'est pas la faute des parents ni de l'enseignant, et ce n'est pas non plus celle du jeune. C'est une faute de contexte.

Le développement psychologique s'exprime aussi de plusieurs autres façons. Parce qu'il découle directement du fait que l'enfant téflon privilégie l'expression de son intelligence, il peut s'exprimer par le questionnement, par la manipulation, par le désir d'étendre son espace vital, par son besoin d'apprendre, de comprendre et, dans plusieurs cas, par une crise existentielle. Je reviendrai sur ces points plus loin.

Très souvent donc, l'enfant téflon est placé dans un milieu qui n'est pas adapté à son âge psychologique. Il se sent considéré comme plus jeune qu'il ne l'est en réalité. Cette relation faussée avec les adultes peut faire naître certains problèmes relationnels et comportementaux. Il est cependant facile d'éviter les problématiques reliées à sa maturité en modifiant un peu notre façon de le percevoir et d'interagir avec lui.

Il est puissant psychologiquement devant l'adulte

Parce que l'enfant téflon privilégie son intelligence, il développe rapidement des stratégies de cueillette d'informations, de traitement de celles-ci, de représentation de la réalité et de résolution de problèmes. Ce processus entraîne chez lui un développement psychologique précoce.

L'enfant téflon vit souvent son individuation psychologique entre cinq et neuf ans. Il s'identifie comme une personne à part entière et considère rapidement qu'il a son mot à dire en ce qui concerne sa vie. Même s'il n'a pas beaucoup de vécu, il peut très bien se comporter comme un adolescent. D'ailleurs, l'enfant téflon est un peu comme un adulte sans expérience, qui habite le corps d'un jeune.

Cette identification, cette « égocentrisation », le consolide face à lui-même. Il devient alors rapidement capable de tenir tête aux autres, donc aux adultes. Cette caractéristique le rend difficilement éducable par les voies traditionnelles, car celles-ci sont souvent basées sur l'autorité et l'obéissance. Cela ne veut pas dire que l'enfant téflon n'obéisse jamais, mais qu'il est capable de résister à l'adulte, s'il considère qu'il a raison de le faire.

La puissance psychologique peut s'exprimer de diverses façons. Normalement, elle s'exprime par le fait que le jeune veut prendre en main sa vie et, souvent, celle des autres. Il peut alors se mettre à protester, mais d'une façon différente de l'enfant qui n'est pas téflon. Il argumente, crie parfois, tient tête à tout prix, sans que les menaces n'aient de prise sur lui. Ni d'ailleurs les punitions, les promesses ou la culpabilité.

Un enfant mal éduqué peut aussi devenir effronté et agir comme le ferait l'enfant téflon. Il faut donc bien vérifier si ce jeune privilégie son intelligence et s'il a un développement psychologique précoce avant de tirer une conclusion. Quoi qu'il en soit, une pédagogie ajustée à l'enfant téflon est bénéfique pour tous les enfants… et pour tous les adultes.

Il est difficilement manipulable par les émotions

Trop souvent, hélas ! la pédagogie passe par la manipulation. Parents et éducateurs utilisent l'affection et l'émotivité pour manipuler leurs enfants. Si cela fonctionne relativement bien avec la plupart des enfants, il en va tout autrement avec les jeunes téflons.

L'enfant téflon gère son affectivité de façon particulière et, de ce fait, ne répond pas aux méthodes traditionnelles d'éducation basées sur la manipulation émotive. Par conséquent, il peut facilement sembler sans cœur ou indifférent. Je dis bien « sembler », car le jeune téflon est capable d'aimer comme n'importe quel autre enfant. Mais il ne gère pas son amour de la même façon.

Voici quelques exemples qui illustrent la différence de gestion des émotions. Une petite fille de troisième année, et de type téflon, qui avait appris à écrire avant de commencer l'école, avait une écriture particulièrement soignée. Un mois après le début des classes, la qualité de son écriture commença à changer, de sorte qu'il devint de plus en plus difficile de lire ses cahiers. Pourtant, à la maison, elle écrivait toujours aussi bien. Après une discussion avec elle, j'appris que l'enseignante apposait un petit autocollant représentant différents personnages dans les cahiers de ceux et celles qui avaient une écriture propre. La petite trouvait, au contraire, qu'avec ces estampes les cahiers avaient l'air plus malpropres qu'autre chose. Alors elle décida d'écrire moins bien de façon à ne plus avoir de collants dans ses cahiers.

Pour la majorité des jeunes, il est motivant de recevoir de telles marques pour un travail bien fait. Mais l'enfant téflon peut analyser la situation de façon très différente. Il peut apprécier cette façon de motiver ou, au contraire, la détester. Quand on lui dit, par exemple : « Si tu avais de meilleures notes en classe, cela ferait plaisir à tes parents », il peut très bien répondre : « S'ils veulent des bonnes notes, ils n'ont qu'à aller eux-mêmes à l'école. » Comme tous les jeunes, l'enfant téflon aime ses parents, mais ce type d'argument ne parvient pas à le motiver à faire mieux. Il a de la difficulté à accepter de travailler uniquement pour faire plaisir à quelqu'un d'autre. Bien sûr, il est capable de faire plaisir aux autres, mais il faut que cela découle d'une décision volontaire de sa part et non d'une manipulation basée sur cet amour.

Si un parent, de retour à la maison après quelques jours d'absence, demande à son enfant : « T'es-tu ennuyé de moi ? », il peut se voir répondre : « Non, je n'ai pas eu le temps. » Plusieurs parents découvrent donc rapidement que leur jeune ne réagit pas « comme il le faut » devant des questions pourtant si « normales ».

Les enfants téflons ne sont pas insensibles. Ils ont des émotions et ils ont besoin de relations affectives. Ils sont aussi capables de donner et de prendre. Cependant, ils ne sont pas aussi facilement manipulables par le fait qu'ils aiment. Si, au lieu de demander à son jeune s'il s'est ennuyé pendant son absence, le parent lui demande s'il est heureux qu'il soit de retour, la réponse sera sans doute « Oui ». La question doit être différente. Au lieu de chercher à savoir si l'enfant a « souffert » de l'absence du parent, ce qui n'est pas évident chez ce type de jeune, il faut miser sur sa joie de le revoir.

Tous les discours basés sur la manipulation émotive risquent de glisser sur lui. Les phrases telles que

« Si tu m'aimais vraiment, tu rangerais ta chambre de temps en temps » ne collent pas sur l'enfant téflon. Il aime son parent, mais ira probablement jouer dehors au lieu de ranger sa chambre.

Est-il téflon ou non ?

Il est important de bien observer un jeune avant de considérer qu'il est du type téflon. Un enfant mal éduqué, frustré ou en colère peut ressembler parfois à un gamin téflon, mais il ne présente pas ces quatre caractéristiques. Plusieurs enfants deviennent de vrais petits monstres uniquement parce que leurs parents ont démissionné et qu'ils les laissent faire tout ce qu'ils veulent. Dans un contexte sans limites, sans balises, la majorité des enfants sont difficiles à éduquer et à contrôler.

Un enfant téflon n'est pas reconnaissable au fait qu'il cause des ennuis aux adultes. Il peut devenir un jeune à problèmes, mais ce n'est pas toujours le cas. La majorité des enfants téflons que je connais sont très agréables à fréquenter. Pour reconnaître un enfant téflon, il faut se poser ces deux questions :

1. Privilégie-t-il l'intelligence dans sa communication ?

Si la réponse est oui :

2. A-t-il un développement psychologique précoce comparé à la norme ?

Si la réponse est encore oui, il y a de fortes possibilités que cet enfant soit téflon. Il doit aussi manifester les deux dernières caractéristiques. Mais, pour celles-ci, certaines nuances peuvent surgir. C'est ce que nous verrons dans les chapitres qui suivent.

CHAPITRE 2

Les trois types d'enfants téflons

Les quatre caractéristiques qui différencient l'enfant téflon des autres enfants peuvent se manifester de diverses façons et engendrer de multiples problèmes. C'est ce qui explique que certains jeunes téflons soient très tranquilles, qu'ils réussissent bien à l'école et ne causent pas plus de problèmes que les autres. Quelquefois, ils sont même de véritables petits anges. Par contre, les mêmes paramètres peuvent donner un enfant violent, arrogant, dur et vraiment sans cœur. Entre ces deux types, il y a l'enfant qui est doux, dans un certain contexte, et plus difficile dans un autre.

J'ai divisé ces formes d'expressions en trois types différents. Il y a toute une panoplie de nuances dans la façon de vivre de l'enfant téflon, mais nous pouvons mieux comprendre certains comportements si nous nous en tenons aux trois types suivants :

- l'enfant téflon doux ;
- l'enfant téflon chevalier ;
- l'enfant téflon dur.

L'enfant téflon doux

C'est, comme son nom l'indique, un enfant affable. C'est le type d'enfant téflon le plus difficile à reconnaître, et souvent, nous nous en rendons compte que lorsqu'il est trop tard. En effet, il est fréquent que ce jeune se suicide lorsqu'il vit dans un contexte inadapté à sa nature.

L'enfant téflon doux privilégie l'intelligence dans sa communication. Il a un développement psychologique précoce, mais sa gestion de la vie fait en sorte qu'on ne voit pas très bien les deux autres caractéristiques s'exprimer.

Intelligent, vif d'esprit, il semble se plier assez facilement à l'autorité des adultes. Même si on exagère, si on est injuste ou incohérent, il ne paraît pas en faire de cas. Pourtant, c'est un téflon, et il n'est pas plus manipulable par les émotions que les autres enfants téflons. Toutefois, au lieu de protester, de s'opposer et de s'entêter, il préfère s'adapter afin d'avoir la paix. Cette paix est pour lui un objectif primordial. Il range sa chambre, a de bonnes notes scolaires, semble obéissant, tout cela pour avoir la paix. Bien sûr, si le cadre de vie dans lequel il évolue est bien ajusté à sa nature, il fera tout ça avec joie. Mais si ce n'est pas le cas, l'enfant téflon doux le fera uniquement pour qu'on le laisse tranquille.

Hélas ! dans un contexte mal ajusté, là où les parents ne sont pas conscients des efforts que fait le jeune pour avoir la paix – pas pour vivre en paix, mais bien pour avoir la paix –, il arrive que l'enfant se suicide. Souvent, c'est ce qui explique qu'un jeune, apparemment sans problème et ayant une bonne famille, mette fin à ses jours. L'entourage est sidéré, personne ne comprend ce qui s'est passé et tout le monde s'interroge.

L'enfant téflon doux représente un faible pourcentage de la population téflon. Mais il est important de pouvoir le reconnaître, surtout si le contexte éducationnel, familial ou scolaire n'est pas adapté à ses besoins.

Dans un environnement adapté, il n'y a pas de danger qu'il se suicide. C'est un enfant agréable, qui se renforce progressivement avec l'expérience et qui finit par vivre une belle vie d'adulte. Il apprend rapidement à naviguer à travers les méandres de la société et s'en sort très bien.

L'enfant téflon chevalier

C'est le plus courant des trois types de téflon. Les quatre paramètres sont relativement faciles à observer chez lui. De temps en temps, il est comme l'enfant doux, mais il peut facilement changer d'attitude, en fonction de ce qu'il vit.

Dans un cadre intelligent, cohérent, où le respect domine, il se comporte comme un téflon doux. Il aide ses parents, réussit bien à l'école si celle-ci est adaptée à sa nature, et ne cause de problème à personne. Lorsque le contexte change et devient moins bien ajusté, l'enfant chevalier durcit sa position. Les deux autres caractéristiques deviennent alors plus évidentes chez lui : lorsque son environnement devient incohérent, moins respectable ou injuste, il y résiste.

Son attitude changeante est modifiée en fonction du contexte. L'enfant téflon chevalier est capable de se plier aux exigences de la vie, tant que celles-ci ne dépassent pas certaines limites. Au-delà, il s'oppose.

J'ai vu, une fois, dans la cour d'une école, un groupe de jeunes pousser un enseignant. Un adolescent téflon est venu à la rescousse de ce dernier et a pris sa défense devant les autres. Une fois l'altercation terminée, il a dit à l'instituteur qu'il ne l'aimait pas plus après cet événement qu'auparavant, et qu'il ne l'avait aidé que parce qu'il détestait l'injustice encore plus que lui.

L'enfant téflon chevalier est près à construire un monde meilleur, du moins au départ. Si, par contre, les adultes qui l'entourent refusent qu'il intervienne, qu'il donne son opinion et pose des actions, il se peut qu'il abandonne. Alors, il devient plus difficile à éduquer car il mène sa vie seul et à sa façon.

Plus de 80 p. 100 des enfants téflons que j'ai rencontrés sont de ce type. Ils sont prêts à participer à la vie familiale et sociale, mais s'ils n'y trouvent pas de place, ils lutteront pour s'en faire une, et pas toujours de façon écologique!

L'enfant téflon dur

Voici le dernier type de téflon. C'est un jeune qui, parce qu'il a été très mal encadré au début de sa vie, est devenu dur. Il agit comme si la société était une jungle dangereuse et a décidé d'y appliquer sa loi.

Dans son cas, les deux premières caractéristiques sont plus difficiles à reconnaître alors que les deux dernières sont exprimées sans arrêt. Il est quand même très intelligent et précoce psychologiquement, mais la vie l'a souvent amené à biaiser ces deux paramètres.

Parce qu'il est difficilement manipulable par les émotions, il devient souvent un délinquant très dangereux, sans culpabilité, sans honte et sans remords. Comme tous les enfants téflons, les punitions n'ont pas de prise sur lui, ni d'ailleurs les menaces, l'autorité ou les promesses.

* * *

Dans ce volume, je traiterai plus particulièrement des deux premiers types d'enfants téflons, car ils représentent la majorité de ces jeunes. Il est à noter toutefois que les outils que je suggère sont tout aussi efficaces pour aider un enfant téflon dur. La qualité et la solidité de l'intervenant sont les seuls facteurs qui changent lorsqu'il s'agit d'aider un enfant téflon dur.

CHAPITRE 3

La gestion de son affectivité

Très souvent, l'enfant téflon est perçu comme un être sans cœur et indifférent. Pourtant, rien n'est plus loin de la vérité. Comme tous les êtres humains, il a des émotions et a besoin d'affection. Par contre, comme je l'ai déjà mentionné, il gère ce besoin d'une façon très différente, et c'est pour cette raison qu'il est souvent mal compris.

Un jour, un enfant téflon me dit : « As-tu remarqué, Daniel, que dans près de 100 p. 100 des chansons d'amour on se plaint ? » Pour lui, l'amour était beaucoup plus synonyme de problèmes et de souffrance que de plaisir. Sa vision des choses découlait de ce qu'il entendait autour de lui et n'était aucunement reliée à ce qu'il vivait personnellement. En effet, dans sa famille, tout allait bien. Ses parents avaient su s'adapter à sa façon de gérer son affection et, de ce fait, personne n'avait de difficulté à communiquer.

Pour comprendre comment l'enfant téflon vit ses émotions, il faut se poser certaines questions fondamentales. La majorité de ces jeunes ne se posent pas ces questions en bonne et due forme, mais ils y répondent malgré tout en tirant des conclusions de leurs observations de la vie. Voici quelques-unes de ces interrogations.

Qu'est-ce que l'amour ?

Selon la réponse traditionnelle, c'est le respect d'autrui. Pour l'enfant téflon, l'amour commence par le respect de soi-même, et cela bien avant le respect des autres. Ce n'est pas une question d'éducation, mais de nature des choses.

Alors, imaginez la relation qui s'établit entre un de ces jeunes et un parent qui ne se respecte pas lui-même ! L'enfant prend rapidement le dessus, devient un grand manipulateur, et le parent ne peut plus rien y faire, ou presque. L'enfant téflon éprouve de la difficulté à aimer véritablement ce genre de parent. Pour lui, l'amour passe obligatoirement par le respect, mais par l'« autorespect », c'est-à-dire le respect de soi-même. Un enfant téflon aime toujours les gens qui se respectent eux-mêmes. Il est attiré par eux et il se lie facilement d'amitié et d'amour avec eux.

Mais avant d'entrer plus en détail dans la notion d'amour, il me semble important de définir le respect.

Qu'est-ce que le respect ?

Rapidement, l'enfant téflon fait une distinction entre le respect qu'attirent les valeurs personnelles d'un individu et le respect que provoquent la crainte et l'autorité.

Pour lui, le respect se mérite, il ne s'impose pas. Un adulte qui exige le respect d'un jeune ne veut pas vraiment être respecté, il veut être craint. Souvent, le « respect » recherché dans les écoles et dans les foyers est justement basé sur cela. Les adultes semblent rechercher le respect, mais, en réalité, il imposent la crainte. Un peu comme certaines personnes qui font des poids et haltères parce qu'elles veulent être respectées dans la rue ; elles ne seront jamais respectées, elles seront craintes.

Comme l'enfant téflon est difficilement manipulable par les voies émotives et qu'il est puissant psychologiquement devant les adultes, dans la majorité des cas, la crainte ne prend pas. Lorsque cette tactique fonctionne, ce n'est que pour un temps. C'est pourquoi, partout où les gens confondent respect et crainte, les jeunes téflons ne respectent rien... et passent pour de véritables monstres. Mais il n'en est rien. Le respect est absent et la crainte ne colle pas.

Pour qu'un enfant téflon aime, il doit être entouré de gens respectables. Pour lui, une personne n'est respectable que si elle se respecte elle-même. Plus une personne exige le « respect » par la crainte, moins elle est respectable aux yeux du jeune. Le respect est si important pour lui que je pourrais consacrer tout le reste de cet ouvrage à ce sujet. Mais il y a d'autres questions fondamentales qu'il nous faut explorer...

Lorsqu'on aime quelqu'un, devient-on nécessairement son esclave ?

L'enfant téflon répond non de façon catégorique à cette question. J'avoue que cette réponse paraît évidente pour tout le monde. Mais si nous observons les gens autour de nous, nous constatons rapidement que l'amour, du moins ce que l'on prend pour de l'amour, engendre plus d'esclaves que de gens libres.

Les phrases telles que « Si tu m'aimais vraiment, tu mettrais cette robe » ou « Si tu m'aimais pour de vrai, tu rangerais ta chambre de temps en temps », sont des exemples de manipulation bien réels. Inconsciemment, la majorité des adultes utilisent l'amour que leur portent leurs enfants pour les dominer. Le plus grave, c'est que cette façon de faire est devenue une manière d'évaluer l'amour que leur portent les autres. De fait, lorsque les enfants sont rébarbatifs à ce genre de manipulation, plusieurs parents pensent que leurs rejetons sont sans cœur et qu'ils ne les aiment pas.

Pourtant, l'enfant téflon aime. Mais ce n'est pas une raison pour lui de faire tout ce qu'on lui demande. Il aime, mais il reste libre, ou du moins, il veut le rester. Il est important de comprendre cela. Une phrase comme « Si tu avais de meilleures notes à l'école, tu ferais plaisir à tes parents » n'aura à peu près pas d'effet chez un enfant téflon. Quel que soit l'amour qu'il porte à ses parents, cela ne changera pas grand-chose dans son rendement scolaire. Pour le jeune téflon, le fait d'aimer n'est pas relié au fait d'obéir, ou d'être l'obligé de quelqu'un.

L'amour provoque-t-il nécessairement de la souffrance ?

Autrement dit, pouvons-nous aimer une personne sans nous ennuyer d'elle, même si elle est absente quelque temps ? Pouvons-nous aimer quelqu'un sans être jaloux ? sans s'inquiéter ?

C'est ce que vit le plus souvent l'enfant téflon. Il aime, mais ne s'ennuie pas ou peu, et ne s'inquiète pas. Par contre, il peut être jaloux. Sa jalousie est sous-tendue par son besoin d'étendre son espace vital le plus loin possible et d'en être le seul maître. Nous reviendrons plus loin sur ce point.

Pour bien comprendre l'amour de l'enfant téflon, il nous faut comprendre ce qu'est l'amour, en général. Il y a l'amour des philosophes, celui des psychologues, des religieux, des romantiques, des courtisans, pour n'en nommer que quelques-uns. Mais dans la vraie vie, l'amour se définit de façon particulière. Que nous faut-il pour pouvoir aimer et se laisser aimer ? Pourquoi l'enfant téflon gère-t-il son amour de façon différente de la norme ? Pour répondre à ces questions, il nous faut encore une fois comparer les deux types de jeunes. L'expérience, de nombreuses années d'observation et d'interrogation ainsi que des milliers d'heures de lecture m'ont amené à cette conclusion : l'amour est une suite de besoins qui doivent être comblés et qui sont organisés selon une hiérarchie très importante.

Commençons par l'enfant qui n'est pas téflon. Je me limiterai à seulement quatre besoins pour la démonstration :

1. la sécurité ;
2. l'affection ;
3. la communication ;
4. le respect.

La première chose qu'un enfant non téflon doit voir combler pour se sentir aimé, et pour pouvoir aimer, est la sécurité du milieu, sa sécurité personnelle. Lorsque celle-ci est garantie, alors il est disponible à l'affection. Lorsque ces deux besoins sont comblés, il peut passer à son besoin de communiquer et échanger. Je ne parle pas ici de communication émotive mais bien de communication intellectuelle. Il a besoin de parler de lui, de son avenir, des problèmes dans le monde, etc. En dernier, il a besoin de sentir qu'on le respecte et il exige ce respect. Cela ne veut pas dire que, tant qu'il n'a pas sa sécurité et de l'affection, il n'ait pas besoin d'être respecté, mais il ne revendiquera pas le respect tant que les trois premiers besoins n'auront pas été comblés.

Un enfant non téflon qui n'a pas d'environnement sécurisant ne peut pas aimer et il ne peut se laisser aimer. Pour qu'il puisse aimer et se laisser aimer, il doit voir son cadre changer et devenir sécurisant. Ensuite, et seulement ensuite, il pourra échanger au niveau affectif.

Il arrive qu'un jeune, pour attirer l'attention sur lui, agisse mal. En agissant ainsi, il semble rechercher une punition de la part de ses parents. En fait, il essaie d'évaluer l'amour que lui portent son père et sa mère. Pourquoi ne le fait-il pas en leur faisant plaisir ? Parce que de cette façon, il ne pourra pas vérifier s'il est vraiment aimé. Alors, c'est en faisant un mauvais coup qu'il évalue cet amour. Si nous abordons l'amour selon une vision éthérée, nous ne pourrons probablement pas comprendre les agissements de cet enfant. Mais si nous l'observons en considérant que l'amour est une suite de besoins qui doivent être comblés selon un ordre précis, tout s'expliquera.

Dans l'exemple que nous venons de voir, le jeune espère inconsciemment se faire attraper. Ainsi il pourra mesurer la sécurité (premier fondement de l'amour) que lui apportent ses parents. Ils vont probablement le gronder ou le punir, mais ils continueront à le nourrir, à le loger et à l'habiller. Alors, il saura qu'il est en sécurité. Ce n'est pas la punition qu'il recherchait, mais une preuve qu'il est en sécurité.

Souvent, dans les foyers éclatés, les enfants sont malheureux même s'ils reçoivent beaucoup d'affection, même si leurs parents séparés les respectent. Il sont incapables d'aimer et de se laisser aimer. Ils diront souvent à leurs parents: «Ne me parlez plus, ne m'achetez plus rien, mais si vous m'aimez, restez ensemble.» Encore une fois, c'est la sécurité du cadre que l'enfant recherche pour se sentir aimé.

Cette sécurité est très importante pour lui. D'ailleurs, la pédagogie traditionnelle s'en sert souvent pour l'éduquer et pour le forcer à faire ce qui lui est demandé. Les règlements ainsi que la présence dynamique des adultes aident à rendre le cadre sécurisant. Lorsque les parents ont démissionné et que la discipline disparaît, les jeunes qui ne sont pas téflons deviennent rapidement malheureux et recherchent automatiquement des éléments de sécurité. Leurs comportements peuvent devenir plus agressifs et même violents. Ces jeunes recherchent des limites. Par exemple, le fait de menacer un enfant de renvoi de l'école a pour effet d'ébranler la sécurité du cadre: il n'est pas sécurisant pour un jeune de se retrouver à la maison pendant les heures où il ne devrait pas y être. Pour préserver sa sécurité, l'enfant acceptera alors de modifier son comportement, au grand plaisir de l'adulte.

Pour l'enfant téflon, tout est différent. Si nous observons ses besoins, ainsi que la hiérarchie de ceux-ci, nous constatons une différence majeure; les besoins sont inversés. Ils se présentent comme ceci :

1. le respect ;
2. la communication ;
3. l'affectivité ;
4. la sécurité.

Pour le jeune téflon, le respect de lui-même est primordial. Attention ! Il ne faut pas projeter l'idée que nous nous faisons du respect sur le jeune. Un enfant téflon a une vision précise de ce qu'est la justice, ou du moins, de ce qu'elle devrait être. Il en est ainsi de la cohérence, de ses droits, de ses désirs et de ses besoins. Dès qu'il se sent bafoué, l'enfant téflon ne se sent plus respecté et il vit une détresse psycho-émotive. Pour être capable d'aimer et de se laisser aimer, il doit donc voir, en premier lieu, ce respect être comblé. Mais, ce qui complique un peu les choses, c'est que ce besoin doit être rempli par des adultes qu'il juge respectables.

Une fois cela fait, l'enfant téflon a besoin de communiquer. Puis, il est prêt à échanger sur le plan affectif et, en dernier lieu, il a besoin que le contexte dans lequel il vit soit sécurisant.

Si nous reprenons l'exemple du jeune qui se voit menacé d'expulsion de l'école, avec un enfant téflon nous n'aurons pas le même résultat. Parce que le respect de lui-même passe avant la sécurité du cadre, il préférera se retrouver chez lui. Ces menaces ne changeront pas son comportement, surtout s'il se sent bafoué. Je ne dis pas ici que l'enfant téflon a raison de se sentir bafoué ; je déclare seulement que, dès qu'il se sent ainsi, il privilégie le respect de lui-même au détriment de la sécurité psychologique du cadre.

À l'opposé, l'enfant qui n'est pas téflon sacrifiera le respect de lui-même pour conserver cette sécurité. Par exemple, s'il se fait punir injustement par l'un de ses parents, il acceptera cette punition, même s'il est en colère. L'enfant téflon, lui, ne supportera pas d'être ainsi puni et fera probablement une crise. Il pourra même faire une courte fugue.

Les deux jeunes sont aussi intelligents l'un que l'autre. Mais le premier a un besoin plus grand d'un cadre sécurisant alors que le deuxième demande un cadre qu'il juge respectable. C'est ce qui explique la différence de comportement entre les deux types de jeunes.

Pour que l'enfant téflon puisse aimer et se sentir aimé, il faut :

- qu'il puisse se respecter lui-même ;
- que les adultes qui l'entourent soient respectables à ses yeux ;
- que son cadre de vie soit respectable.

Il est important de comprendre que les trois parties de ce besoin de respect doivent être comblées en même temps. Très souvent, les parents et les professionnels de l'éducation ont de la difficulté avec cette gestion de l'amour basé sur le respect. Certains parents respectent leur jeune, mais ne se respectent pas eux-mêmes. Dans cette situation, l'enfant téflon ne parvient pas à respecter ses parents.

Comme chez l'enfant non téflon qui cherche à connaître les limites de la sécurité de son cadre, le jeune téflon cherche à connaître les limites du respect de l'environnement dans lequel il vit. Cependant, sa recherche le mène dans une quête où il a besoin de trouver des adultes solides, qui sont capables d'« autorespect ». Il veut savoir s'il y a quelqu'un dans les corps des grands qui l'entourent.

Dès qu'il rencontre de la résistance intelligente, il sait qu'il a trouvé un adulte qu'il peut respecter. Si, en plus, l'adulte le respecte et que le contexte est cohérent, son premier besoin est comblé. Il peut alors aimer et se laisser aimer.

Il est important de bien discerner la différence entre les deux façons de vivre l'amour. Dans le premier cas, celui de l'enfant non téflon, c'est la discipline, les règles et l'autorité qui comblent le premier besoin. Dans le cas de l'enfant téflon, c'est le respect sous trois facettes qui le fera.

CHAPITRE 4

Les besoins de l'enfant téflon

L'enfant téflon, comme tous les êtres humains, a besoin d'une foule de choses pour pouvoir vivre heureux. Comme tous les enfants, il cherche à comprendre, à s'adapter et à tirer son épingle du jeu. Toutefois, contrairement aux autres jeunes, il est allergique psychologiquement à certaines visions de l'éducation. Même s'il fait des efforts, la plupart du temps il ne pourra pas s'adapter à certaines méthodes employées par les adultes.

J'ajoute, encore une fois, qu'une pédagogie adaptée à l'enfant téflon est bénéfique pour tous les jeunes. Il n'est pas nécessaire d'avoir deux méthodes d'éducation.

Pour pouvoir nous suivre, pour pouvoir avancer avec nous dans notre société, l'enfant téflon a un besoin vital :

- de raisons intelligentes ;
- qu'on reconnaisse qu'il a raison lorsque c'est le cas ;
- d'un cadre cohérent ;
- de gens qui donnent l'exemple ;
- que ça lui rapporte ;
- de respect.

Tous les enfants du monde aimeraient vivre dans un monde qui leur donnerait cela. Mais, pour l'enfant téflon, ce n'est pas qu'un désir, c'est une nécessité. La psychologie téflon ne se contente pas uniquement de rechercher ces éléments. Elle fuit ses opposés. L'enfant téflon est allergique psychologiquement :

- aux arguments émotifs ;
- au fait qu'on dise qu'il a tort lorsqu'il a raison ;
- au cadre incohérent ;
- aux gens qui ne donnent pas l'exemple ;
- aux événements ou aux compromis qui ne lui rapportent rien ;
- à l'absence de respect.

Bien que tous les jeunes n'aiment pas ces différents éléments, plusieurs sont capables de composer avec eux. Pour l'enfant téflon, il en va tout autrement. Dans la majorité des cas, il deviendra un enfant à problèmes si le contexte dans lequel il vit ne lui présente que ça.

Il ne sert à rien de se donner des excuses pour expliquer un cadre incohérent, un manque de respect humain ou des manipulations par les émotions. Le jeune téflon ne peut accepter cela. Je ne blâme pas les parents trop émotifs, instables ou incohérents. Je dis seulement que les enfants téflons ne peuvent pas arriver à s'adapter d'eux-mêmes, du moins dans la grande majorité des cas, à un tel cadre de vie. S'ils créent des problèmes, c'est à cause de leur nature différente et des frictions qu'ils vivent en essayant de s'adapter. Donc, pour corriger le comportement d'un jeune téflon, il est impératif de travailler sur ce cadre. Nous allons passer en revue ses différents éléments afin de bien faire ressortir leur importance sur la psychologie de ce type d'enfant.

Une raison qui fait appel à l'intelligence et non aux émotions

Imaginons que vous habitez le Canada. Vous avez un emploi bien payé et des avantages sociaux intéressants. Puis, un jour, le gouvernement du Mexique vous offre un emploi similaire, mais avec le double de salaire, et ce, pour la durée de temps que vous voudrez. Une seule condition, venir vivre au Mexique pour la durée de votre contrat.

Alors, vous vous achetez une nouvelle voiture grâce à un bonus du gouvernement mexicain. Vous choisissez une Mercedes de couleur vert émeraude et vous partez pour le Mexique. Après avoir traversé les États-Unis, vous arrivez à la frontière mexicaine. Là, un policier vous indique une longue file qui se dirige vers un hangar et vous explique qu'une loi de son pays oblige tous les automobilistes à peindre leur voiture de couleur jaune.

Évidemment, vous ne voulez rien savoir de cette loi. Votre Mercedes neuve restera verte et rien ne vous forcera à respecter cette loi stupide. Alors, vous protestez, mais en vain. Le policier ne veut rien entendre et vous ordonne de vous mettre en ligne. Il vous dit qu'en refusant de vous conformer à sa directive, vous nuisez à tout le monde car vous retardez le processus. Rien à faire. Vous êtes téflon et les raisons émotives ne collent pas sur vous. Vous ne voulez pas d'une voiture jaune.

Le policier essaie alors de vous intimider en empoignant son arme. Encore des arguments basés sur les émotions. Cela vous irrite un peu plus, et vous exigez de parler à son supérieur. Celui-ci arrive rapidement et vous explique que vous faites des problèmes pour un rien. Il vous déclare que ce n'est pas vous qu'on va peindre en jaune, mais seulement votre voiture. Il vous explique que c'est une couleur qui en vaut une autre et que vous allez vous y habituer rapidement. Pourquoi faire tant de problèmes? Encore une explication émotive. La moutarde vous monte au nez. Il n'est toujours pas question de plier devant ces imbéciles qui veulent que toutes les voitures soient jaunes au Mexique.

Finalement, un très haut gradé s'approche. Il vous prend à part et vous explique que, depuis plus de trois mois, ils ont des problèmes avec la guérilla locale. Les bandits bombardent systématiquement toutes les voitures qui ne sont pas jaunes et que c'est pour cette raison que le gouvernement fait peinturer celles-ci de cette couleur. Il vous explique également que, de l'autre côté des montagnes, vous pourrez faire repeindre votre voiture de la couleur désirée. Alors, vous comprenez la raison de la loi et vous acceptez de bon gré de vous y soumettre. Vous ne protestez plus et tous les problèmes disparaissent comme par enchantement dès qu'on vous a donné une raison intelligente.

Si la majorité des gens se plient bon gré mal gré aux pressions du milieu, pressions exprimées par des raisons émotives, l'enfant téflon éprouve beaucoup de difficulté à modifier son comportement de cette façon. Il le fera facilement si nous lui donnons une raison intelligente, mais il résistera presque toujours devant des raisons émotives. Ce n'est pas qu'une raison émotive soit mauvaise en soi, c'est que, pour l'enfant téflon, ce genre de raison n'a pas de poids et qu'il est beaucoup plus facile de communiquer avec lui en faisant appel à son intelligence.

Par exemple, si nous interdisons aux enfants de mâcher de la gomme en classe, les arguments comme « il y a un règlement qui l'interdit » n'auront pas de poids chez un téflon. Pour lui, il suffit de changer le règlement et tout sera réglé. Il est souvent frustré d'avoir à se soumettre à de tels règlements. Ce n'est pas contre l'autorité qu'il résiste, mais contre ce qu'il ne comprend pas. En effet, si nous lui expliquons les raisons qui ont entraîné la création d'un règlement, nous avons plus de chances de le lui faire accepter… et respecter.

Mais attention! Si les raisons qui sous-tendent ce règlement sont émotives, ou injustes pour lui, il résistera encore. Si le règlement a été créé parce que des élèves avaient l'habitude, par exemple, de faire du bruit en mâchant leur gomme et que c'est cela qui a amené la création de cette loi, l'explication n'aura pas de poids. L'enfant téflon vous dira simplement que lui ne fera pas de bruit en mâchant et qu'alors, ce règlement n'est pas nécessaire pour lui.

En fait, il a raison. Mais, dans les contextes scolaires traditionnels, on lui donnera quand même tort. On lui dira que le règlement est pour tout le monde. Pour lui, il y a là une injustice flagrante. Encore une raison de résister.

Il ne faut pas soutenir qu'il a tort lorsqu'il a raison

Le deuxième point découle directement du premier. Quand l'enfant téflon a raison, il est important de lui donner raison. Même si, pour plusieurs personnes, il semble évident d'agir ainsi, la réalité est très différente. En effet, très souvent, on force les jeunes à revenir sur leurs dires, même s'ils ont raison.

Lorsqu'un enfant téflon déclare à son professeur d'anglais qu'il n'a pas besoin de son cours parce qu'il est déjà bilingue, il a raison. Alors, il revendique le droit d'aller passer ce cours à la bibliothèque. Si l'enseignant refuse et dit au jeune qu'il n'est sûrement pas assez bilingue pour se passer du cours, il considère que l'enfant a tort, même si ce n'est pas le cas. Un jeune qui a raison dérange souvent. Mais il nous faut accepter ces dérangements et non pas résister en donnant tort à l'enfant. Toutes les raisons du type « C'est injuste pour les autres si tu es exempté du cours » ou « Écoute, tu dois suivre ce cours quoi que tu en dises » ne sont pas des raisons intelligentes et donnent tort au gamin. Nous avons là deux motifs de résistance de la part du téflon.

Autre exemple : quand un parent, lui-même désordonné, dit à son jeune téflon : « Va faire le ménage de ta chambre », il se montre incohérent, et l'enfant lui répondra sans doute : « As-tu vu la tienne ? » Si le parent se met en colère et rétorque que sa chambre à lui ne regarde pas son fils, il essaie encore une fois de donner tort à un jeune qui a raison.

Essayer d'expliquer à un enfant téflon que l'école est quelque chose de très intéressant, alors qu'il vient de vous dire qu'il s'y ennuyait à mourir, découle aussi de la même attitude.

Des exemples de ce genre, il y en a une infinité. Presque chaque fois que j'entends une discussion entre un jeune et un adulte, j'en trouve de nouveaux. Très souvent, l'adulte a raison et le jeune a tort. Mais quand c'est le contraire, il faut lui donner raison, quel qu'en soit le prix.

Un cadre cohérent

La cohérence s'exprime par une continuité des choses et par une relation harmonieuse entre elles. Si deux plus deux font quatre, jamais ils ne feront cinq. C'est cohérent.

Pour s'adapter facilement à un contexte, l'enfant téflon a besoin de voir de la cohérence. S'il y a des règlements, ils doivent être appliqués par tout le monde. Si on le laisse faire une chose, on ne doit pas, de temps en temps, sans raison, la lui interdire.

Par exemple, un gamin téflon mange des biscuits chaque fois qu'il écoute la télévision. Ses parents ne veulent pas qu'il mange dans le salon et c'est là que se trouve le téléviseur. Mais, parce qu'ils ne se respectent pas suffisamment, le père et la mère laissent faire le jeune. Pourtant, quelques fois par année, c'est la crise.

Les parents en colère en ont assez et sortent le jeune du salon en l'engueulant. Deux ou trois jours passent, et l'enfant retourne manger en regardant la télé.

La cohérence implique la continuité. Elle implique aussi l'exemple et la justice. Un parent fumeur ne peut interdire à son gamin de six ans de fumer. Ce n'est pas cohérent. Les raisons du genre « il fumera quand il pourra s'acheter lui-même ses cigarettes » ne sont pas cohérentes. Ce n'est pas pour cela que nous ne voulons pas qu'il fume. Nous lui donnons bien des bonbons sans qu'il ait à les payer. Si ce n'était qu'une question d'argent, nous n'aurions qu'à échanger les bonbons contre les cigarettes qu'il désire. Mais la raison est que nous ne voulons pas qu'il fume, car cela hypothéquerait sa santé.

L'incohérence fait partie intégrante de la vie familiale, sociale et scolaire. L'enfant téflon doit apprendre à marchander avec cette réalité, mais il ne l'apprendra que dans un cadre cohérent, c'est-à-dire dans un contexte dans lequel il rencontre des adultes cohérents.

Des gens qui donnent l'exemple et non des grands parleurs

Le jeune téflon a besoin d'exemples, de personnages vivants capables de devenir des modèles pour lui. Pour cela, il faut une personne respectable, cohérente, intelligente et heureuse. Il suivra facilement une telle personne. Elle sera un phare dans la nuit de sa vie, une preuve vivante qu'il est possible de bien vivre, en harmonie socialement, même si on est intelligent.

Normalement, lorsqu'un enfant téflon rencontre une seule personne respectable qui donne l'exemple, il mord à la vie. En effet, une seule personne peut changer sa vie. Plus une personne sera philosophe, respectable, dynamique, capable de résoudre des problèmes et qu'elle sera apte à défendre ses propres opinions, plus l'enfant téflon lui fera confiance. Plus elle aura une conscience individuelle et non pas collective, plus il la prendra comme modèle.

Changer son comportement doit lui rapporter quelque chose

L'enfant téflon est « syndiqué ». Il considère qu'il a des droits acquis et il tient à ses droits. Pour modifier son comportement, il faut souvent de longues négociations, et il faut que cela lui rapporte quelque chose.

Autrement dit, c'est un être humain normal, mais, entre autres par cette attitude, il a un comportement que l'on considère problématique pour un enfant (mais correct chez un adulte !). Il serait si facile qu'il obéisse aveuglément à notre bon jugement... Mais ce n'est pas le cas. Il a besoin de raisons intelligentes, de gens qui donnent l'exemple et il faut qu'il y voie son profit.

Punir un enfant téflon n'a à peu près pas d'effet sur lui. Par conséquent, il nous faut agir autrement. La négociation n'est pas suggérée non plus, car elle implique toujours des perdants, et il fera tout ce qui est en son pouvoir pour que ce ne soit pas lui. Si nous voulons qu'il change sa façon de vivre, nous devons lui démontrer les avantages pour tout le monde, y compris lui-même, de faire des efforts. Il ne changera pas pour les autres, oubliez ça. Il ne changera que pour lui. Mais attention ! Il peut voir son compte dans le fait d'aider quelqu'un, de donner ou de faire plaisir. Tout dépend des relations qu'il a avec son entourage.

Mon neveu de neuf ans, un téflon, était venu passer la fin de semaine chez moi. Normalement, ses parents lui donnaient toujours quarante dollars pour ses frais, mais je prenais tout à ma charge. Ce jour-là, je lui dis que nous irions dans un grand restaurant et que nous nous payerions tout un festin avec les quarante dollars de ses parents. Il me dit aussitôt que, vu l'état des finances familiales, il ne serait pas écologique de tout dépenser. Je lui répondis que nous ne toucherions pas à cet argent. Encore une fois, il rétorqua que, pour l'ego de ses parents, il faudrait que nous dépensions au moins vingt dollars pour que ceux-ci ne se sentent pas coupables de ne pas participer à ses dépenses.

Ce jeune est téflon. Totalement téflon. Mais parce que le contexte familial est idéal, il a appris à bénéficier du bonheur de ses parents. Il tire donc profit du fait de penser à eux et de participer à la gestion globale de la famille.

Les choses ne sont pas toujours aussi simples. Mais nous devons comprendre que, pour qu'un téflon change son attitude, il faut que cela lui rapporte. Et je ne parle pas d'argent... Il faut qu'en tant qu'être humain, améliorer son comportement lui rapporte des bienfaits. Il ne faut pas se contenter de le lui dire. Il faut le lui démontrer. Le cadre doit être cohérent.

Il a besoin de respect et ne peut aimer que ce qui lui semble respectable

J'ai abordé en détail la notion de respect dans le chapitre précédent. Ce besoin est primordial et, s'il est comblé, il règle à lui seul toute une panoplie de problèmes.

CHAPITRE 5

Les bons côtés perçus comme des défauts

Eh oui ! l'enfant téflon a plusieurs bons côtés. Je le répète, le fait d'être téflon ne veut pas dire « à problèmes ». La majorité des téflons s'en tirent assez bien, soit parce qu'ils apprennent d'eux-mêmes à naviguer dans le système, soit parce que le contexte de leur jeunesse est suffisamment ajusté à leur nature.

Il est intéressant de jeter un coup d'œil sur les qualités du jeune téflon parce que plusieurs de celles-ci peuvent être considérées comme des défauts par certains parents ou enseignants. La majorité des qualités qui « nuisent » sont des caractéristiques que l'on retrouve surtout chez l'adulte et qu'on ne s'attend pas à voir chez un jeune. De fait, nous aimons tous que les adultes soient autonomes ; cependant, certains parents se plaignent justement du fait que leur enfant n'a pas besoin d'eux pour répondre à plusieurs de ses besoins.

Parmi la liste des qualités de l'enfant téflon, nous trouvons, entre autres, les suivantes :

- il aime apprendre ;
- il aime utiliser son intelligence ;
- il est débrouillard ;
- il est innovateur ;
- il est autonome ;
- il comprend vite ;

- il est logique ;
- il est un fin psychologue ;
- il est spontané ;
- il est transparent.

Évidemment, d'autres jeunes qui ne sont pas téflons manifestent aussi plusieurs de ces qualités ; elles ne sont pas limitées au type téflon.

Voyons maintenant comment ces caractéristiques peuvent être perçues comme des problèmes par certains adultes.

Il aime apprendre

L'un des problèmes que me rapportent souvent les parents d'enfants téflons, est qu'ils posent trop de questions auxquelles les parents n'ont pas les réponses. Certains adultes trouvent que ces enfants dérangent sans cesse avec leurs questions. Mais c'est dans la nature du téflon de chercher, de ramasser des informations. Questionner, ce n'est pas un défaut, malgré ce qu'en pensent plusieurs adultes. Le jeune téflon aime apprendre. Cela l'amène toutefois à fouiller là où il n'a pas affaire. Sa curiosité peut aussi le conduire à vivre des expériences dangereuses.

Mais c'est surtout ses questions qui dérangent le plus le monde des adultes. Il veut tout savoir.

Il aime utiliser son intelligence

Parce qu'il privilégie l'expression de son intelligence, il prend plaisir à l'utiliser, à la comparer et à la développer. Cette qualité peut être perçue comme des tentatives de sa part de manipuler son entourage et de chercher à contredire les autres.

L'un des jeux qu'il apprécie beaucoup ressemble à un combat d'intelligence. Il aime réfuter amicalement ce que les autres disent, mais il s'attend à ce que ses interlocuteurs fassent de même. Celui qui a raison sur l'autre gagne, mais tout cela ne reste qu'un jeu. Hélas ! plusieurs adultes ne sont pas capables de lui tenir tête et de jouer avec lui. Ils se sentent agressés et ont l'impression que l'enfant téflon tente par tous les moyens de les abaisser, de leur prouver qu'ils sont médiocres. Ce n'est pas le cas.

Même lorsqu'il manipule, l'enfant téflon le fait souvent uniquement pour jouer. Il développe ainsi son intelligence. Il joue aux échecs sur le grand échiquier de la vie.

Il est débrouillard

Se débrouiller est une autre façon d'utiliser son intelligence. Le jeune téflon est débrouillard et il aime avoir des problèmes à résoudre. Il peut même en inventer. Par exemple, pour lui, le vol à l'étalage n'est souvent qu'une manière de développer sa débrouillardise et son intelligence. En effet, pour plusieurs jeunes, ce jeu – car c'est pour eux un jeu – est l'une des meilleures façons qu'ils trouvent pour acquérir de l'expérience. Sur le plan social, c'est un problème, mais sur celui de la pédagogie, ce n'en est pas un.

Cette qualité, la débrouillardise, amène donc parfois l'enfant téflon à faire des choses qui dérangent l'adulte. Il se peut qu'elle entraîne l'enfant dans le coffre à outils de son parent… ou ailleurs, dans les biens privés des autres.

Il est innovateur

L'enfant téflon innove sans arrêt. Tant dans les blagues qu'il raconte que dans les gestes qu'il fait. Ses questions sont neuves et sa façon de traiter mentalement l'information est innovatrice pour la majorité des personnes non téflons qui l'entourent.

S'il est trop spontané pour écouter correctement en classe, il innovera dans la façon de tricher sans se faire attraper lors d'un examen.

Inconsciemment, il fait confiance à cette faculté d'innovation. Cela peut l'amener à remettre à plus tard les travaux qu'il n'aime pas faire car il se fie sur cette qualité pour se tirer d'affaire à la dernière minute. Il peut aussi devenir un menteur et un manipulateur professionnel en utilisant l'innovation.

Il est autonome

Cette qualité est encore une fois souvent mal acceptée par plusieurs parents. En effet, lorsque ceux-ci demandent à leur jeune s'il s'est ennuyé pendant leur absence, ils se font souvent répondre : « Non, je n'ai pas eu le temps. »

Plusieurs adultes aiment protéger leur enfant et se sentir indispensables à sa sécurité. Ils apprécient pouvoir aider leur progéniture à faire face à la vie. Mais dans le cas d'un enfant téflon, les parents sont souvent repoussés. À cause de son autonomie, le jeune téflon se sent vite étouffé par trop de rapprochements de ce genre. Il a évidemment besoin des adultes, mais il gère sa vie de façon à ne dépendre le plus possible que de lui seul. Cette autonomie en fait souvent un solitaire. Comme plusieurs parents se servent justement de l'aide qu'ils peuvent apporter à leur enfant pour se rapprocher de lui et pour communiquer, ils se sentent rejetés par leur jeune téflon.

Pourtant, l'enfant ne les rejette pas, au contraire, il les libère. Je parle souvent de parents « velcro » dans mes conférences. Ce sont eux qui souffrent le plus de cette qualité qu'a l'enfant téflon. Le fait qu'il soit autonome leur complique la vie.

Il faut apprendre à ouvrir des portes et à laisser son enfant se rapprocher de lui-même. Son autonomie lui permet de juger quand il a besoin d'aide et quand il peut s'en passer.

Il comprend vite

Oui ! il comprend vite, et quelquefois même trop vite ! Il comprend ce qu'on veut qu'il comprenne, et parfois plus. Il comprend trop, disent certaines personnes.

On entend parfois des phrases comme « Ça fait trois fois que je lui demande de ranger sa chambre, il n'a rien compris ». Pourtant, l'enfant a tout compris, et ce, dès la première demande. Mais il a aussi compris que c'était sa chambre et qu'il vivait sa vie. Personne ne peut le pousser à faire ce qu'il ne veut pas faire. Il a tout compris en effet, et même plus. Si on essaie de le manipuler, il comprend. Si on essaie de le culpabiliser, il comprend encore. Il comprend souvent jusqu'au plus petit point faible de notre psychologie. C'est d'ailleurs ce qui en fait un grand manipulateur.

Cette qualité dérange souvent car elle nous empêche d'avoir le dessus sur lui. Si nous avons une raison intelligente et que nous sommes respectables à ses yeux, pas de problème. Mais si ce n'est pas le cas, il comprend rapidement comment faire pour dominer la situation.

Il est logique

Sa logique a souvent l'apparence de l'impolitesse. Plus nous avons besoin de politesse, plus nous risquons de souffrir de sa logique. De plus, sa façon d'utiliser la logique dans ses communications le fait quelquefois passer pour une personne sans émotions, ce qui n'est pas vrai.

Si un parent dit à sa fille téflon: « Tu es encore en retard, tu sais que ça m'inquiète quand tu arrives à cette heure », il peut se faire répondre: « Écoute, si ça t'inquiète à ce point, suis une thérapie! » La jeune fille semblera indifférente, alors qu'elle est tout simplement logique, d'une logique téflon, qui passe souvent pour de l'impolitesse.

L'enfant téflon aime utiliser la logique dans sa communication car, ainsi, il se sert de son intelligence. Encore une fois, pour certains adultes, ce jeu semble en être un de dominance et il paraîtra plus comme un défaut que comme une qualité.

Il est un fin psychologue

Le jeune téflon a une très grande capacité d'analyse et de décodage de la psychologie des autres. Il apprend en bas âge comment fonctionnent ses parents et il met au point rapidement des stratégies de manipulation.

Au départ, c'est souvent pour jouer qu'il perce les défenses psychologiques de son entourage, mais il apprend aussi par le fait même qu'il peut dominer de cette façon. Le besoin qu'il a de gagner le respect autour de lui l'amène à tester les gens qui l'entourent.

Sa grande capacité de décodage lui permet donc de connaître les gens et d'exploiter au maximum leurs faiblesses et leurs forces. Lorsqu'une enseignante entre dans sa classe et qu'une élève lui dit tout de go: « Tu t'es encore disputée avec ton mari, n'est-ce pas ? », il y a de quoi ne pas apprécier cette qualité téflon !

Plus une personne est transparente et naturelle, moins elle a de problèmes avec les qualités de fin psychologue du téflon. Mais plus elle est fausse et artificielle, plus elle hait cette qualité. Il est de fait difficile de jouer des rôles devant un jeune téflon. Il le sait toujours et il s'en sert contre nous. Comme plusieurs personnes ne vivent que par des masques, elles ne peuvent apprécier l'enfant téflon.

Il est spontané

Il aime dire immédiatement ce qui lui passe par la tête et agir dès qu'il a une idée. Cela ne l'aide pas à rester concentré sur une seule chose et fait souvent de lui un « hyperexpressif ». Alors, plusieurs personnes parlent d'hyperactivité et tentent de le soigner pour cette maladie. Comme il n'est pas malade, cette réaction peut causer différents problèmes plus graves chez le jeune.

Sa spontanéité fait de lui une personne directe qui ne mâche pas ses mots. Cela lui donne encore une fois l'air impoli, alors qu'il est sous l'emprise de sa rapidité cérébrale. La spontanéité lui est toutefois très utile dans ses jeux favoris, car elle permet un plus grand contrôle des situations. À l'école, par contre, elle devient vite une nuisance.

Il est transparent

La transparence est une qualité qui permet de ne pas se mentir à soi-même et de dire la vérité aux autres. Au départ, l'enfant téflon est transparent. Il ne ment pas. Mais avec l'expérience de la vie, il peut apprendre que la vérité n'est pas toujours bonne à dire et il devient quelque peu menteur.

Selon un dicton, « la vérité sort toujours de la bouche des enfants ». C'est vrai tant que l'enfant est naïf. Mais pour l'enfant téflon, il n'est pas question de naïveté. Il est transparent parce que cela lui permet d'arriver plus rapidement à ses buts. Cela facilite la communication.

Hélas ! il apprend rapidement qu'aux yeux de plusieurs adultes, la transparence dérange. Plus il sera puni à cause de sa façon de parler « sans réfléchir », comme disent certaines personnes, plus vite il apprendra à mentir.

* * *

Comme nous venons de le voir, plusieurs des qualités de l'enfant téflon peuvent être perçues comme des défauts. Je dis que ce sont des qualités parce que nous les reconnaissons comme telles si elles se manifestent chez un adulte. Plusieurs personnes cherchent de fait, au cours de leur vie, à développer ces caractéristiques. Mais lorsqu'un enfant les exprime, c'est dérangeant.

Ces qualités peuvent aussi engendrer de vrais problèmes. C'est-à-dire que ce n'est plus uniquement une question de perception. De véritables problèmes peuvent surgir, sous-tendus par ces qualités.

Parmi ceux-ci, citons :

- la manipulation ;
- la « mentalisation » ;
- le complexe de supériorité ;
- le complexe de dominance ;
- la provocation (il aime narguer) ;
- l'ergotage.

Le tableau qui suit nous permet d'avoir une vision d'ensemble des qualités qui peuvent être perçues comme des problèmes.

Qualités	Perception comme défaut
1. Il aime apprendre.	1- 2- 4- Questionneur.
2. Il aime utiliser son intelligence.	2- 6- Esprit de contradiction.
	2- 6- Manipulateur.
3. Il est autonome.	3- Indépendant.
4. Il comprend vite.	5- 7- Impoli.
5. Il est logique.	5- Sans émotion.
6. Il est un fin psychologue.	8- Direct.
7. Il est solide psychologiquement.	7- Insolent.
8. Il est spontané.	
9. Il est transparent.	**Problèmes réels**
	2- Manipulateur.
	2- 5- 6- « Mentalisateur ».
	4- Complexe de dominance.
	2- Provocateur.
	2- 6- Ergoteur.

Ces problèmes apparaissent lorsque l'expression de certaines qualités est mal canalisée. Par exemple, s'il joue à avoir raison, et que les adultes prennent cela au sérieux, l'enfant téflon peut apprendre à utiliser ce jeu comme outil de dominance. Comme pour n'importe qui, il peut acquérir un complexe de supériorité, surtout s'il a l'impression d'être le plus fort et de n'être entouré que de gens inférieurs.

Moins les gens qui vivent avec lui se feront respecter, plus il y a de risques que les qualités de l'enfant téflon deviennent les éléments constituant ses futurs problèmes.

CHAPITRE 6

Comprendre les problèmes de l'enfant téflon

Avant de survoler les difficultés que peut causer un jeune téflon, il me semble intéressant de regarder les problèmes qu'il peut vivre. Car les problématiques auxquelles il se heurte constituent souvent la cause de celles qu'il va engendrer.

Parmi le grand nombre de problèmes que peut vivre un enfant téflon, je n'ai retenu que les plus évidents et les plus pertinents. Les voici :

- ses besoins à court terme opposés aux solutions basées sur le long terme;
- le plaisir d'être naturel face aux exigences sociales qui demandent d'être « normal », c'est-à-dire d'être comme la masse;
- le refus ou l'incapacité des adultes de l'accepter comme il est;
- le refus ou l'incapacité des adultes de lui faire confiance;
- l'obligation d'être collectivisé;
- se faire guérir des maladies qu'il n'a pas;
- se faire aider pour des problèmes qu'il n'a pas;
- vivre dans un monde où il n'a pas son mot à dire;
- vivre dans un monde incohérent.

Il y a d'autres problèmes auxquels le jeune sera confronté durant sa vie, mais ce sont des obstacles que presque tous les humains auront à surmonter. Dans les lignes qui suivent, je me limiterai donc aux problèmes plus spécifiques à l'enfant téflon.

Ses besoins à court terme opposés aux solutions basées sur le long terme

La façon de penser de l'enfant téflon est presque toujours basée sur le court terme, quand ce n'est pas uniquement sur l'immédiat. Cela veut dire qu'il ne pense pas beaucoup à l'avenir. Par conséquent, il devient souvent très difficile de le responsabiliser face à certaines de ses actions.

Chaque être humain acquiert en bas âge tout un processus de pensée. Pour survivre dans le monde dans lequel il vient de naître, l'enfant met au point une série de stratégies mentales qui lui permettront, entre autres, d'apprendre à apprendre. Ce sont des stratégies « métacognitives ».

Parmi celles-ci, il établit :

- Des stratégies de collecte de données qui lui permettront de filtrer l'information qu'il veut mémoriser, utiliser ou rejeter.
- Des stratégies de traitement de l'information qui lui permettront de faire des relations entre les données ramassées.
- Des stratégies de représentation de la réalité qui lui permettront de se faire une vision du monde dans lequel il vit.
- Des stratégies de résolution de problèmes qui l'aideront à devenir plus ou moins efficace dans sa vie.

Tous les enfants, téflons ou non, mettent au point ces différentes catégories de stratégies. La différence pour le téflon, c'est que, pour se représenter la réalité, la sienne, il doit y avoir une relation immédiate entre ce qu'il vit ici et maintenant, et les informations recueillies sur la réalité présente et future. Par exemple, pour un enfant non téflon, le fait de bien travailler à l'école dans le but de réussir plus tard sur le marché du travail peut être intégré dans sa représentation de la réalité. En revanche, l'enfant téflon, avant de penser à son avenir au travail et au besoin de réussir à l'école, ressent le besoin de savoir pourquoi il vit maintenant. Pour la majorité des enfants téflons, il doit y avoir une relation dynamique entre la philosophie, la croyance, les espoirs, les désirs et leur vie actuelle.

De ce fait, le jeune téflon reste, beaucoup plus que l'enfant non téflon, centré sur l'immédiat et le court terme. Par exemple, si nous disons à un jeune téflon de ne pas manger tous les biscuits de la boîte et de s'en garder pour demain, il y a de fortes possibilités que ça ne colle pas. Il est clair que, pour lui, demain n'existe pas. Ce qui aura le plus de poids est un raisonnement comme celui-ci : « Si je les mange tous aujourd'hui, demain je devrai m'en priver… Mais si j'en garde pour demain, c'est maintenant que je devrai m'en priver… Le résultat est le même, je devrai m'en priver de toute façon… Alors autant que ce soit demain, pas maintenant. »

Hélas pour lui, la vision sociale de l'enfance est basée sur le long terme. Nous nous occupons surtout de l'enfant pour le temps où il sera adulte, pour plus tard. Si le jeune doit aller à l'école, c'est pour le préparer à sa vie dans quinze ou vingt ans. La majorité de notre vision de l'éducation est centrée sur ce futur, sur ce plus tard. La majorité des stratégies « métacognitives » que l'enfant téflon a établies le rendent efficace surtout dans l'immédiat et le court terme. Il a souvent de la difficulté à se représenter l'avenir, un avenir dont il sera partie intégrante. Il a besoin que ce qu'il fait lui rapporte aujourd'hui, immédiatement, pas demain... dans vingt ans. Cet état de choses complique souvent sa vie et lui occasionne des problèmes de comportement et d'adaptation. Il faut, le plus souvent possible, ajuster notre vision du long terme à ses besoins immédiats. Nous verrons d'ailleurs comment faire cela dans les parties consacrées aux différentes interventions.

Le plaisir d'être naturel face aux exigences sociales qui demandent d'être « normal », c'est-à-dire d'être comme la masse

L'enfant téflon est naturel... au départ. Pour un téflon, être naturel est parfaitement normal, mais pour l'ensemble de la population, ce n'est pas normal qu'un jeune soit naturel.

Nous avons tous une vision de ce que doit être un enfant, et souvent, l'enfant téflon ne cadre pas avec nos attentes. C'est pourquoi, dans plusieurs milieux, il est considéré comme anormal. De là part une foule de problèmes qu'il vivra et qu'il occasionnera aux autres.

Non ! l'enfant téflon n'est pas comme les autres. Il ne répond pas comme eux, ni aux pressions sociales, ni aux méthodes pédagogiques habituelles, ni aux attentes des parents qui veulent avoir un enfant bien éduqué. Il est téflon. Il gère sa vie différemment, il aime, mais d'une autre façon, il apprend, mais à son rythme, un rythme souvent plus rapide que la norme. Bref, il vit des problèmes causés par sa nature et il peut en occasionner autour de lui.

Plusieurs adultes téflons se sont sentis soulagés après avoir lu le livre *Le Syndrome de l'enfant téflon* que j'ai écrit en 1988. Toute leur vie, ils avaient été confrontés à cette normalité. Ils avaient bien essayé d'être comme tout le monde, mais sans jamais réellement y parvenir. Longtemps, ils se sont sentis anormaux, et un jour, en lisant ce livre, ils ont découvert qu'ils étaient tout simplement différents, qu'ils étaient téflons et que tout allait bien. La pression sociale avait été telle qu'elle avait réussi à nuire à leur vie jusqu'à maintenant. Plusieurs jeunes téflons sont quotidiennement confrontés à cette problématique, tant à l'école que chez eux.

Le refus ou l'incapacité des adultes de l'accepter comme il est

« Je suis ce que je suis, pourquoi voulez-vous à tout prix me changer ? »

Un parent me disait un jour lors d'une conférence que son enfant était maintenant dans une classe de surdoués. Puis, il ajouta : « Ce n'est pas d'un enfant plus intelligent que les autres que je voulais, mais d'un enfant normal. »

Ce problème, que vit souvent l'enfant téflon, découle directement de la problématique précédente. Mais ce n'est plus sur le plan social qu'il le vit, c'est au niveau strictement individuel. C'est directement l'adulte avec qui il vit – un parent, un enseignant, ou toute autre personne – qui lui impose une pression.

Non seulement l'enfant a-t-il l'impression qu'il n'est pas normal, c'est-à-dire comme tout le monde, mais certaines personnes le lui disent directement et essaient de le forcer à changer. Ce harcèlement peut aussi venir de ses camarades d'école.

Il est important d'accepter l'enfant téflon comme un être normal, en tant que téflon, et de cesser de vouloir le changer. Bien sûr, il faut l'éduquer, mais il ne faut pas essayer de modifier sa façon de gérer son amour, par exemple, ou l'obliger à penser comme tout le monde. Non seulement il ne le pourra pas, malgré tous ses efforts, mais en plus, il se détruira progressivement ou engendrera d'autres problèmes, soit par ses tentatives d'intégration, soit par son refus de le faire.

Le refus ou l'incapacité des adultes de lui faire confiance

Pouvons-nous faire confiance à un enfant de cinq ans qui nous dit pouvoir se garder lui-même une soirée entière, pendant que nous allons au cinéma ? Si c'est un enfant téflon et que les relations que nous avons avec lui sont bonnes, oui, nous pouvons lui faire confiance.

Le jeune téflon a besoin de responsabilité et il en recherche. Mais très souvent, les parents et les enseignants ne font référence qu'à la hauteur et à l'âge du gamin pour décider. Avec un jeune téflon, qui a nécessairement un développement psychologique précoce, nous faisons alors toujours erreur.

J'ai connu un jeune qui voulait s'inscrire à des cours parascolaires en astronomie. Il avait six ans et n'était pas très grand pour son âge. Ses parents se sont fait répondre qu'on ne pouvait l'accepter parce qu'il était trop petit. Pourtant, pour suivre le cours, la grandeur physique n'avait rien à voir. Mais le responsable, lorsqu'il a vu l'enfant, a immédiatement déduit qu'il n'avait pas assez de maturité pour suivre le cours. « Il est beaucoup trop petit, Madame. Revenez lorsqu'il aura vieilli. » Les explications des parents n'ont rien donné. Le gamin était trop petit. Le professeur n'avait pas confiance en lui et en ses capacités d'apprendre rapidement. Il ne voulait même pas essayer…

J'ai donné un travail important à faire au fils de l'un de mes amis, un jeune âgé de douze ans. Le travail consistait à numériser une centaine de photos afin de pouvoir les utiliser avec un ordinateur. L'une de mes compagnies devait faire une bande vidéo corporative pour vendre les produits de mon client. Ce travail demandait du sérieux, le client payant assez cher. Il exigeait de la précision, car les images devaient être numérisées bien droit. Il requérait aussi du jugement, les couleurs devant être claires. Il fallait également sauvegarder chaque image sous un nom précis afin de permettre au monteur de les retrouver pour les utiliser. Plusieurs heures de travail étaient nécessaires pour accomplir la totalité de la tâche. Normalement, un technicien expérimenté faisait le travail en utilisant un numériseur assez dispendieux et un logiciel compliqué sur ordinateur.

J'ai donc demandé à ce jeune adolescent téflon s'il était intéressé à le faire. Évidemment, je lui offris le même salaire qu'à un adulte. Il a accepté et, après lui avoir montré comment fonctionnait le matériel et précisé les résultats que j'attendais, il s'est mis au travail.

Je n'ai jamais dit à mon client que les images de son document vidéo avaient été conçues par un gamin de douze ans, il ne m'aurait probablement pas cru, ou payé... Mais la qualité était là, et il a adoré le produit fini.

Nous pouvons faire confiance aux jeunes en général, et aux téflons en particulier. Trop souvent, ce manque de confiance mine leur vie et les tentatives qu'ils font pour s'intégrer. C'est un problème que rencontrent plusieurs enfants téflons face à leur intégration dans notre modèle de société. On ne leur fait pas confiance, ou du moins, pas assez.

L'obligation d'être collectivisé

Cette obligation est tirée de la même demande fondamentale de notre société, celle d'être normal. Le jeune téflon se fait régulièrement harceler avec des commentaires tels « Pourquoi ne peux-tu pas faire comme tout le monde ? Pourquoi ne peux-tu pas être comme les autres ? »

Mais le problème que vit le téflon ne s'arrête pas là. Ses idées se heurtent sans cesse aux idées collectives. À la maison comme à l'école, son opinion est rarement celle de la collectivité. Non pas parce qu'il veut volontairement contredire les autres, mais parce qu'il pense différemment.

Il peut évidemment être d'accord avec les idées collectives, mais il a souvent sa propre opinion. À une question que je posais à un groupe de jeunes, j'ai reçu la même réponse des enfants qui n'étaient pas téflons et des réponses très différentes de ceux qui l'étaient.

Parce que l'enfant téflon est individualiste de conscience, il est assez difficile de le collectiviser. De ce fait, il a souvent des conflits avec ses parents et ses enseignants. Il ne pense pas comme tout le monde mais, malgré tout, son opinion est souvent aussi valable que l'opinion collective, voire plus juste.

Parce qu'elle force les gens à réfléchir, à se remettre en question, l'opinion de l'enfant téflon dérange. Alors pour avoir la paix, on essaie de la ramener aux visions de la collectivité. Le jeune téflon peut souffrir beaucoup dans un contexte comme celui-là.

Se faire guérir des maladies qu'il n'a pas

Après avoir formé des centaines de psychologues sur le phénomène téflon, j'ai recueilli une foule d'exemples de cas de jeunes que les parents et les institutions scolaires faisaient suivre par des intervenants, afin de les guérir de maladies qu'ils n'avaient pas.

« Mon enfant pose des questions bizarres. Il a quelque chose qui ne va pas. » « Ma fille de cinq ans me fait peur, elle dit des choses qui ne sont pas de son âge. » Régulièrement, des enfants téflons sont obligés d'être suivis par des psychologues pour rien. Certains parents n'ont pas le choix : l'école leur a dit que si leur enfant n'était pas en thérapie, il ne pourrait pas revenir en classe.

Pourtant, plusieurs de ces jeunes n'ont pas de problèmes et n'ont pas besoin d'être suivis. Bien sûr, ils dérangent. Mais parce qu'ils ont raison, parce qu'ils forcent les remises en question, parce qu'ils ne sont pas capables de supporter l'injustice de certains enseignants, parce qu'ils sont allergiques à l'incohérence de certains parents. Alors, on veut les soigner.

Un jeune de onze ans me disait qu'il était suivi par un pédopsychiatre depuis près de trois ans et que ça n'avait rien changé. Sa mère m'a confirmé les dires de son enfant : c'est l'école qui l'avait obligée à faire « soigner » son garçon. Je connais le jeune. Non seulement il est parfaitement « normal », mais en plus il est agréable à vivre. Comme des centaines d'autres, cet enfant n'est pas malade. Ce sont certains adultes qui l'entourent qui ont de la difficulté à supporter cet enfant émancipé.

Il est bon de se rappeler qu'il y a plus de cinquante ans, la majorité des psychologues et des psychiatres mâles soutenaient que les femmes qui voulaient joindre les rangs du marché du travail avaient un sérieux problème psychologique, sinon psychiatrique. À cette époque, il fallait tout faire pour guérir les femmes, c'est-à-dire pour les aider à retourner dans leur cuisine…

Il y a des enfants téflons qui y gagnent à consulter un bon psychologue. Mais il y en a un grand nombre que l'on veut soigner uniquement parce qu'ils dérangent d'une façon trop émancipée. Cela fait vivre à ces jeunes des problèmes assez malheureux.

Se faire aider pour des problèmes qu'il n'a pas

L'enfant téflon est souvent solitaire. Il n'en souffre pas. Il est bien avec lui-même. Si cela inquiète les parents, ils essayeront de l'aider alors qu'il n'y a pas de problème.

Parce que ce type d'enfant est souvent mal compris, certaines personnes veulent le secourir. Mais, étant donné qu'il n'y a pas de problème au départ, cette aide cause généralement de vrais problèmes.

Dans une garderie, une petite fille se tenait toujours seule dans une partie de la salle commune. Les parents étaient inquiets, et le personnel finit par intervenir. La petite leur expliqua qu'elle n'avait pas le goût de jouer avec les autres et qu'elle était bien seule. Mais tout le monde sait qu'une enfant de cet âge à besoin de jouer avec ses camarades. Du moins, c'est ce que pensaient les gens qui entouraient la petite. Ils finirent par la forcer à se joindre aux autres. Elle joua donc avec ses camarades de classe, mais à sa façon : elle prit les jouets des autres et se mit à leur faire mal lorsque ceux-ci voulaient les récupérer. Finalement elle se retrouva encore seule, dans le coin, mais cette fois-ci, en punition. Parce qu'on a voulu l'aider pour un problème qu'elle n'avait pas, on en a engendré d'autres, de vrais problèmes, en plus de devoir maintenant punir l'enfant.

Vivre dans un monde où il n'a pas son mot à dire

Parce qu'il se fait rapidement une opinion sur le monde, l'enfant téflon a besoin de parler et de communiquer. Il a des revendications à faire et des solutions à proposer, mais ce faisant, il dérange trop. Alors, il n'a pas plus son mot à dire que les autres jeunes.

Pour que l'enfant téflon accepte de s'intégrer dans la société, il doit avoir sa place dès son jeune âge. Cela veut dire qu'il doit être admis dans les discussions d'adultes, et cela le plus souvent possible. Il souffre rapidement d'être mis à l'écart. Hélas ! la majorité des adultes ont de la difficulté à tolérer qu'un jeune leur donne son opinion. Cela fait partie de notre vision assez vieillotte de la jeunesse et de la vie adulte. Si nous pouvons modifier l'idée que nous nous faisons de la jeunesse, nous aiderons grandement l'enfant téflon à s'intégrer dans notre société.

Bien sûr, ses opinions ne seront pas toujours des opinions de valeurs, pas plus que les nôtres d'ailleurs, mais il apprendra ainsi qu'il a sa place dans la société et il s'adaptera rapidement pour pouvoir vivre heureux avec nous.

Vivre dans un monde incohérent

Le fait d'être confronté à l'incohérence oblige l'enfant téflon à faire sans arrêt des efforts pour comprendre. Pour lui, tout est logique, du moins au départ. Rapidement, il se rend compte que les gens autour de lui n'ont pas besoin de logique pour vivre et qu'ils supportent tous plus ou moins bien l'incohérence. Pour un jeune téflon, ces personnes sont imbéciles.

L'incohérence est, selon lui, un signe de manque d'intelligence ou d'efforts volontaires de la part des adultes pour l'agresser. Plus le monde est incohérent autour de lui, plus le jeune téflon risque d'être malheureux. Finalement, il finira par reprendre le dessus sur son environnement et commencera sa vie de manipulateur. Il comprendra que tout est permis et que, s'il ne tire pas lui-même les ficelles, il sera manipulé par les autres.

Pour l'aider – une chance pour nous et pour lui –, il n'est pas essentiel d'avoir une société cohérente. Si le jeune rencontre au moins un adulte cohérent et respectable durant sa jeunesse, ce sera suffisant pour l'équilibrer et lui donner la force et le goût de vivre dans ce type de société.

CHAPITRE 7

Comprendre les problèmes causés par son refus de s'intégrer

L'enfant téflon peut causer des problèmes de plusieurs façons. La plus caractéristique est son refus de s'intégrer. Ce refus n'apparaît pas spontanément. Il est engendré par le milieu dans lequel le jeune est placé. Ce n'est pas la faute des parents ni celle des professionnels de l'éducation, et ce n'est pas non plus la faute du gamin. Nous faisons toujours le maximum pour que tout aille bien. L'enfant téflon fait aussi sa part. Mais la vie est ce qu'elle est, et les problèmes naissent plus souvent du contexte que des individus eux-mêmes.

Étant donné la nature de l'enfant téflon, nous comprenons facilement que plusieurs problématiques puissent surgir lorsqu'il se frotte à un cadre trop traditionaliste. Parmi les problèmes les plus fréquents causés par son refus de s'intégrer, nous retrouvons :

- le suicide ;
- le refus de devenir adulte ;
- la simulation de la stupidité ;
- le refus de l'autorité ;
- le refus de penser.

Bien sûr, l'enfant téflon se heurte à d'autres problèmes qui, souvent, découlent de ceux-ci, mais qui peuvent aussi en être indépendants. Toutefois, faute d'espace, je me limiterai ici à cette liste. Dans les sections consacrées aux interventions, vous trouverez des outils qui vous aideront à prévenir et à résoudre ces problèmes, ainsi que toute autre problématique engendrée par le jeune téflon.

Le suicide

Le suicide, la deuxième cause de mortalité chez nos jeunes et parfois même la première, est le problème le plus grave auquel puisse faire face un enfant téflon. Son refus de s'intégrer est alors tel qu'il abandonne tout et préfère « aller voir ailleurs » si ce ne serait pas mieux. Il est important de comprendre que, pour plusieurs enfants téflons, le suicide n'est pas une détresse ni un acte fou, mais bien un choix logique. Pour eux, la mort peut très bien faire partie d'un processus cohérent qui vise à résoudre leurs problèmes. D'autant plus qu'il y a beaucoup de tapage médiatique concernant le suicide. Il est prévisible que certains jeunes s'enlèvent la vie, car c'est une issue qui leur paraît intelligente.

Dans les conférences, chaque fois que j'aborde le problème du suicide, les gens ont toujours de la difficulté à me suivre. Pourtant, pour moi qui suis téflon ainsi que pour les jeunes qui le sont, c'est un choix logique. Les religions n'affirment-elles pas qu'il y a une vie meilleure après la mort ? Ne dit-on pas aux enfants que leurs parents décédés sont dans un monde meilleur ? Certains leur parlent aussi de réincarnation, c'est-à-dire de cette possibilité d'avoir une autre vie après celle-ci.

Tout ça est une publicité pour le suicide. Si les adultes et la majorité des enfants non téflons ne se suicident pas, c'est parce qu'ils ont peur de la mort et parce qu'ils ne croient pas suffisamment à ce qu'ils disent. Pour un enfant téflon, s'il existe un monde meilleur après la mort, pourquoi attendre pour y aller ? Que faisons-nous ici ?

Le jeune téflon pose ces questions, et souvent dès l'âge de quatre ans. Ce sont des interrogations très sérieuses qui, si on n'y répond pas, ou si on y répond mal, peuvent entraîner une crise existentielle dès le bas âge.

Le refus de devenir adulte

Pour comprendre ce problème, il faut nuancer ce que nous entendons par le mot adulte. L'enfant téflon accepte sans problème la mutation physique de l'adolescence, les responsabilités et le fait de devoir travailler pour subvenir à ses besoins, sans toutefois vouloir être adulte.

Pour plusieurs personnes, le fait d'être adulte implique nécessairement le fait d'être responsable ; pour le jeune téflon, il en va tout autrement car son expérience lui a enseigné autre chose. À ses yeux, les adultes sont souvent des gens qui ne comprennent rien, qui ne s'adaptent pas, qui veulent sans cesse dominer, qui se plaignent sans arrêt et qui sont parfois assez stupides.

Souvent, l'enfant téflon considère qu'il n'est pas nécessaire d'être adulte pour être responsable de sa vie. Selon lui, le fait d'être jeune n'est pas un problème, sauf évidemment si le monde dans lequel il vit l'écrase justement à cause de cette jeunesse. De plus, la représentation qu'il se fait de l'adulte peut entraîner chez lui le refus de le devenir. En refusant d'être adulte, il se peut aussi qu'il rejette d'autres bonnes choses associées aux grandes personnes. Alors là, il y a un problème.

Je connais plusieurs jeunes téflons pour qui le monde des adultes est un monde à rejeter. Dès l'âge de huit ou neuf ans, ils me demandent pourquoi il faut absolument devenir adulte. Ils sont bien dans leur corps d'adolescent et ils trouvent assez stupide de le changer pour un corps d'adulte. Ils seraient prêts à travailler, à étudier et à avoir des responsabilités, mais ils veulent souvent conserver leur corps tel qu'il est. Tant que la problématique se limite là, c'est le jeune qui vit un problème. Mais si elle s'étend au-delà, son entourage aussi en vit un.

Du suicide en bas âge aux tentatives de rejet de la forme adulte la plus complète, les parents et intervenants peuvent être confrontés à plusieurs problèmes, qui vont de légers à sévères. Plus l'enfant qui vit cette problématique se rapproche de l'âge adulte, plus il peut occasionner des difficultés : refus d'aller à l'école, refus des responsabilités plus spécifiques du monde des adultes, repli sur soi dans un monde intérieur de plus en plus déphasé de la réalité, agressivité, violence.

Si plusieurs jeunes non téflons commencent à boire, à fumer ou à se droguer pour faire comme les autres ou pour se sentir plus adultes, l'enfant téflon, lui, peut adopter ces comportements justement pour avoir l'effet contraire. La drogue ou la boisson le détruisent, il en est conscient et c'est justement l'effet recherché.

Le décrochage scolaire peut être aussi une expression de ce refus de devenir adulte. Les diplômes ne servent pas aux enfants, ils ne servent qu'aux adultes. Puisqu'ils ne veulent pas devenir adultes, ils n'ont besoin d'aucun diplôme.

La simulation de la stupidité

J'ai rencontré un jeune de onze ans qui souffrait, d'après certains, de déficience mentale légère. Un jour, après avoir passé quelque temps avec lui, je pris conscience que cet enfant était très intelligent. Il n'avait rien d'un déficient : au contraire, il était plus vif d'esprit que plusieurs adultes qui l'entouraient. J'en discutai avec lui et j'appris qu'il faisait semblant d'être un peu déficient, et cela, depuis l'âge de quatre ans. La raison? De cette façon, il avait la paix. Plus personne n'exigeait de lui des choses qu'il ne voulait pas faire. Il n'avait qu'à simuler la stupidité et on le laissait tranquille.

Ce cas n'est pas unique. Des parents m'ont aussi parlé de leurs enfants, des téflons, qui avait simulé l'incapacité de parler jusqu'à l'âge de douze et quatorze ans. En réalité, ces enfants savaient parler depuis longtemps, car lorsqu'ils se sont décidés à ouvrir la bouche, ils conversaient de façon tout à fait normale. Un autre enfant téflon imitait l'autisme. Lorsque les choses n'allaient pas à son goût, il simulait à la perfection un enfant autiste. Un jour, alors que l'un de ses parents imitait ce qu'il faisait pendant une crise, l'enfant s'est arrêté net et a dit: « J'espère que tu fais exprès, comme moi... J'imagine tout ça. Ce n'est pas pour de vrai... »

Les exemples de jeunes imitant des comportements pathologiques sont nombreux. Il faut donc retenir que, parmi les problèmes qu'ils peuvent causer, il y a l'imitation de faux problèmes afin d'avoir la paix ou d'aiguiller ceux qui veulent les aider sur une mauvaise piste.

Le refus de l'autorité

Plus une personne est intelligente, plus il y a de chances qu'elle refuse d'être esclave. L'enfant téflon, qui privilégie l'expression de son intelligence, voit souvent l'autorité comme une tentative de manipulation et refuse donc de s'y soumettre. Si le jeune a choisi de ne pas s'intégrer au système, alors l'autorité traditionnelle n'a plus aucun effet. La grosse voix, les punitions, les menaces, la responsabilisation, tout ça ne colle plus. Il se renferme dans sa cuirasse et n'en sort plus.

Il y a évidemment plusieurs outils pour l'aider à retrouver le goût de s'intégrer, mais lorsqu'il refuse l'autorité, il faut abandonner celle-ci et passer par une autre porte. Hélas, la majorité des adultes, devant un refus de se soumettre à l'autorité, usent d'encore plus d'autorité pour contraindre l'enfant.

Plus on use d'autorité sur un jeune téflon qui décroche, moins on a de chances de le récupérer. En faisant cela, on travaille contre soi et contre lui.

Le refus de penser

Un autre problème que le jeune peut causer est son refus de penser. Un jeune téflon s'amusait à lancer sa nourriture un peu partout sur la table à manger, dans les assiettes des autres et par terre. Sa mère le réprimandait, mais cela ne changeait rien. Lorsqu'elle le menaçait de punition, le jeune lançait des morceaux un peu plus gros. Un jour qu'elle était exaspérée, la mère se leva, attrapa son gamin par le bras et le sortit de la salle à manger. Le jeune garçon devint immédiatement mou comme une poupée de guenille. C'est à peine s'il tenait debout. Sa mère l'engueula, tout en soutenant une bonne partie de son poids. Mais l'enfant « n'était plus là »... Il refusait de réfléchir et tout ce que sa mère lui disait entrait par une oreille et sortait par l'autre.

Un autre jeune, un adolescent, bien que très intelligent, refusait obstinément de penser. Il « se déconnectait » volontairement du monde qui l'entourait. Lorsque nous étions ensemble, il réfléchissait bien de sorte que nous pouvions avoir des discussions fort intéressantes. Mais dès qu'il retournait chez lui, il ne pensait plus.

Ses parents avaient beau lui parler de toutes sortes de façons, rien à faire, le jeune ne pensait pas. « Pourquoi ne me réponds-tu pas ? » demandait le père. « Je ne sais pas... » lui disait l'adolescent. Il ne savait d'ailleurs jamais rien. Il ne savait pas pourquoi il faisait ou ne faisait pas une chose, ni pourquoi il disait ceci ou cela. Il refusait de penser.

L'enfant téflon apprend souvent que plus il pense, plus il a d'opinions et plus il a de choses à dire et à revendiquer. Si, dans le contexte dans lequel il vit, il se fait écraser pour ses idées, il peut décider de ne plus penser. Cela facilite beaucoup sa vie, tant à l'école qu'à la maison.

CHAPITRE 8

Comprendre les problèmes que cause l'enfant téflon lorsqu'il accepte de s'intégrer

Il est étonnant de constater que l'enfant téflon peut aussi causer plusieurs problèmes parce qu'il accepte de s'intégrer au monde qui l'entoure. Lorsqu'il veut s'intégrer, il est possible que le jeune utilise des stratégies pouvant engendrer certaines problématiques.

Aussi surprenant que cela puisse paraître, le vol à l'étalage peut être le résultat de ses efforts d'intégration, de même que l'impolitesse ou la violence. Encore une fois, j'ai limité la liste des problèmes qu'il peut causer, car la suivante suffit à démontrer comment un enfant téflon peut provoquer certaines complications, même quand il est de bonne volonté.

Parmi ces problèmes, j'ai retenu :

- la manipulation ;
- la recherche du contact avec les adultes ;
- l'écœurement ;
- la violence et l'agressivité.

Encore une fois, tous les enfants téflons ne vivent pas tous ces problèmes. Plusieurs n'en vivront jamais, alors que certains en vivront un ou deux.

En essayant de s'intégrer, le jeune téflon peut utiliser des méthodes qu'il utilisait avant pour rejeter le système. Ces stratégies ayant prouvé leur efficacité, le jeune veut s'en servir encore... Souvent, il pense les employer pour la dernière fois. Mais s'il se fait attraper justement cette fois-là, ce sera un autre problème pour lui et pour ceux qui s'occupent de lui. Voyons plus en détail ce qu'il en est.

La manipulation

Les enfants téflons qui acceptent de s'intégrer deviennent souvent de grands manipulateurs, ou du moins, ils raffinent cette capacité de manipuler les autres et s'en servent ici et là. Ce besoin de manipuler est sous-tendu par leur besoin de développer leur intelligence et de l'exprimer. Et cela peut constituer un problème, tant à la maison qu'à l'école.

Pour plusieurs enfants téflons, l'intégration commence par l'apparence d'intégration. Selon eux, donner l'impression à l'entourage qu'ils s'intègrent est souvent le début du processus.

La recherche du contact avec les adultes

L'enfant téflon essaie souvent, d'instinct, de côtoyer des personnes plus âgées que lui. S'il le peut, il se liera avec des adultes. Pour lui, être en contact avec des gens plus âgés lui permet de mieux comprendre les règles de la vie et de la société. C'est aussi un outil de nourriture mentale et psychologique. Mais souvent, les parents voient d'un très mauvais œil le fait que leur jeune se tienne avec des adultes. C'est qu'ils se demandent quel genre d'adulte peut aimer être avec des enfants. Dans notre société, il semble anormal que des jeunes veuillent côtoyer des grands et que ces derniers les acceptent.

Ce besoin de l'enfant téflon engendre donc certains problèmes, parfois pour lui, parfois pour ses parents. Les difficultés auxquelles il peut se heurter dépendent du type d'adultes qu'il va rencontrer. Pour ses parents, c'est souvent l'inquiétude et l'incompréhension qui dominent. Pour éviter les problèmes, il est souhaitable que le jeune puisse rencontrer rapidement de grandes personnes. Ce peut être des personnes que les parents connaissent bien, ou qui sont reconnues socialement comme étant au-dessus de tout soupçon.

Pour un enfant téflon, plus il y a d'adultes intéressants dans sa vie, plus celle-ci est plaisante. Pour s'intégrer, il est fort probable que l'enfant téflon recherche ce contact. C'est souvent un contact assez proche qu'il va essayer d'établir. Il n'y a pas de problème à cela; c'est, au contraire, une bonne chose pour lui. Le jeune bénéficie ainsi d'une certaine médiation entre lui et la vie. Il apprend plus rapidement à affronter les aléas de celle-ci, il acquiert plus d'expérience, et sa philosophie de l'existence mûrit.

Dans une famille ou un cadre scolaire qui refusent ce genre de contact, l'enfant téflon a plus de difficulté à s'intégrer. Cette situation peut engendrer les autres problèmes.

L'écœurement

Le jeune qui essaie de s'intégrer peut fréquemment se heurter au refus des adultes ou de la société en général.

Pour l'enfant téflon, repartir à zéro, faire un tournant dans sa vie dans le but de s'intégrer est relativement facile. Par contre, pour l'extérieur, les choses sont un peu plus compliquées.

Par exemple, lorsqu'un jeune essaie de changer son comportement et qu'il se heurte sans arrêt à l'incrédulité de la part de ses parents ou de ses enseignants, il finit par abandonner. Pour recommencer à zéro, pour s'intégrer, le jeune téflon demande qu'on oublie le passé. Cela lui facilite les choses. Mais hélas! plusieurs personnes n'aiment pas les choses faciles. Elles lui diront qu'il doit commencer par payer pour les pots cassés, et après, on verra pour son intégration. Par conséquent, le jeune s'écœure rapidement de son contexte familial, scolaire ou social. Si ses efforts ne sont pas reçus comme une preuve de changement, il ne voit pas ce qu'il pourrait faire de plus. Pour lui, payer pour le passé n'est pas une condition à l'intégration. Bien sûr, il supportera une partie des conséquences de ses gestes antérieurs, mais l'exagération de certaines personnes mettra un terme à son effort d'intégration.

Si le jeune est en maison de correction, par exemple, et qu'il veut s'intégrer, il demandera qu'on oublie son passé. Mais habituellement, il se fera répondre qu'il doit commencer par purger sa peine et qu'après, il pourra s'intégrer. Il est fort à parier qu'avant la fin de son « temps », il ait perdu le goût de s'intégrer. Ce qui fera dire aux personnes responsables de lui qu'elles avaient raison de ne pas lui faire confiance.

La violence et l'agressivité

La violence et l'agressivité sont des réactions souvent reliées à l'écœurement. Pour s'intégrer plus rapidement, même envers et contre tous, il arrive que le jeune téflon soit plus coriace. Il peut avoir appris, par ses expériences, que les façons plus violentes d'agir donnent souvent plus de résultats que les manières douces, surtout face à la résistance.

Le jeune téflon, lorsqu'il a une idée en tête, essaie normalement d'aller jusqu'au bout, en utilisant tous les outils à sa disposition. L'agressivité et la violence peuvent faire partie de son arsenal.

Nous savons tous que, parfois, il est plus facile et plus efficace de faire preuve d'agressivité pour arriver à ses fins, du moins avec certaines personnes. Je ne dis pas que ces voies sont bonnes en soi, mais, comme elles sont employées dans le monde des adultes, elles le seront aussi dans le monde des jeunes.

Pour s'intégrer, l'enfant téflon peut même devenir violent. Plus il rencontre de la résistance à son intégration, plus il risque de devenir violent. Cette stratégie n'est pas la bonne, mais si le jeune n'en connaît pas d'autres, il l'utilisera sûrement.

CHAPITRE 9

Comprendre les problèmes causés par sa nature

L'enfant téflon cause souvent des problèmes de façon très involontaire. En fait, c'est sa nature même qui les provoque. Parmi les plus fréquents, nous retrouvons :

- une certaine façon d'aimer ;
- l'impolitesse ;
- l'insensibilité aux punitions ;
- l'« hyperexpressivité » ;
- la vie solitaire ;
- l'égoïsme ;
- la crise existentielle.

Comme toujours, tous les enfants téflons ne vivent pas nécessairement l'ensemble de ces problématiques. Pourtant, certains de ces problèmes sont assez fréquents et ils sont toujours tributaires du contexte. L'« hyperexpressivité », par exemple, apparaît seulement si l'environnement du jeune n'est pas capable de répondre à ses besoins intellectuels. Voyons en détail les sept problèmes les plus fréquents que j'ai retenus.

Une certaine façon d'aimer

Comme nous l'avons vu au chapitre 3, l'enfant téflon gère son affectivité de façon différente de la plupart des jeunes. Il aime, il a besoin d'amour mais, pour lui, ce n'est pas une raison d'être l'esclave des personnes qu'il aime.

L'enfant téflon peut donc causer certains problèmes, chez ses parents entre autres, par cette façon d'exprimer son amour. Une mère me disait encore dernièrement que son garçon de cinq ans, un téflon reconnu, venait se coller lorsqu'il en avait besoin mais, dès qu'il était comblé, il la repoussait et repartait vaquer à ses occupations. Elle ne pouvait pas l'approcher tant qu'il ne l'avait pas décidé lui-même. Il ne semblait pas être conscient des besoins affectifs de sa mère, du moins, il n'en tenait pas compte. Pendant longtemps, cette façon de faire de la part du gamin a fait souffrir sa mère.

Un jour, lors d'un atelier que j'animais pour les parents, elle a appris à accepter cette façon, naturelle pour l'enfant téflon, de gérer son amour. Mais en plus, elle a compris que le respect était la porte d'entrée de l'amour pour le téflon. Le respect de soi-même en premier, puis du jeune. Elle a modifié quelque peu son comportement et, progressivement, leur relation a changé. Aujourd'hui, elle accepte bien la façon d'aimer de son gamin, mais elle peut maintenant lui exprimer son affection sans se sentir rejetée comme avant. Le jeune a su modifier lui aussi sa façon de faire. Depuis que sa mère se respecte davantage, il a un plus grand besoin d'être avec elle, d'être son ami dans le respect, et il l'accepte plus facilement près de lui.

Pour plusieurs parents, la gestion émotive du jeune téflon est l'un des gros problèmes. De là partent souvent d'autres problématiques, engendrées uniquement par le refus d'accepter l'enfant tel qu'il est.

L'impolitesse

De par sa nature à rechercher la logique, l'enfant téflon semble souvent impoli. Pour lui, dire directement ce qu'il pense fait partie de sa façon de vivre.

Tous les parents du monde aiment bien que leur enfant dise la vérité. Nous détestons tous le mensonge. Pourtant, dans notre façon d'éduquer, nous inculquons souvent celui-ci à l'enfant. Si nous exigeons que notre jeune dise toujours la vérité, il ne faut pas nous étonner si, un jour, il insulte quelqu'un. Par exemple, à la question «Comment trouves-tu mon nouveau chapeau?» de la tante Émilie, il répondra franchement «Il est laid.» Cette réponse abrupte, mais vraie, passera pour de l'impolitesse.

Pour un téflon, le besoin de politesse qu'ont les adultes est interprété de plusieurs façons. Il peut être considéré comme une faiblesse, qu'il ne manquera pas d'exploiter à l'occasion. Ce besoin peut aussi être perçu comme une autre incohérence de ce monde, où il faut dire la vérité quand cela plaît aux adultes, et où il faut mentir lorsqu'ils le désirent.

L'enfant téflon gère rarement sa vie de façon à plaire aux autres. De ce fait, il n'a pas tendance à mentir par politesse. S'il devient menteur, c'est uniquement pour atteindre ses objectifs. Pour la politesse, c'est la même chose, il peut devenir poli, mais uniquement pour atteindre son but.

Les jeunes enfants téflons sont rarement impolis volontairement. De même, ils sont rarement polis intentionnellement. Ils sont spontanés, logiques et transparents, et c'est ce qui dérange. Tout cela est suffisant pour donner l'impression qu'ils sont impolis.

Bien sûr, en vieillissant, cela peut changer. Ils peuvent découvrir l'impact manipulateur de leur façon de parler et s'en servir pour avoir le dessus sur les gens de leur entourage. Dans ce cas, plus vous aurez besoin de politesse, moins le jeune vous en donnera.

Il ne faut pas tenter d'enseigner la politesse en accusant l'enfant d'être impoli, en lui disant qu'il dérange les autres ou qu'il leur fait mal. Je rappelle que l'enfant téflon est difficilement manipulable par les voies émotives. Ces tentatives se solderaient probablement par un échec.

Il faut plutôt aider le jeune à comprendre la nature humaine et l'amener à adapter son comportement de façon à ce que cela lui rapporte. Nous reviendrons plus loin sur les façons de l'aider à s'adapter.

L'insensibilité aux punitions

L'enfant téflon peut souffrir d'être puni, mais il changera rarement son comportement à la suite des punitions. Comme la punition fait partie intégrante de la vision éducative de la plupart des adultes, tant à la maison qu'à l'école, il est évident que cette insensibilité devient vite un problème. Non seulement le jeune téflon n'acceptera pas la punition, mais il adoptera même le comportement inverse de celui qu'on cherche à lui inculquer. Pour lui, être puni, c'est être manipulé, dominé.

L'enfant téflon est beaucoup plus réceptif aux explications intelligentes. Les raisons émotives n'ont à peu près pas d'effets sur lui. Mais pour qu'une explication ait de l'impact, il faut que la personne qui la donne soit respectable à ses yeux. Si c'est le cas, il n'y aura pas trop de problèmes. Sinon, la personne expliquera sans cesse les mêmes choses, et, bien que l'enfant ait compris, il ne changera rien dans ses habitudes.

L'« hyperexpressivité »

L'« hyperexpressivité » ressemble beaucoup à l'hyperactivité, mais ses causes sont très différentes, tout comme les solutions à apporter. Si l'hyperactivité est une maladie, l'« hyperexpressivité », elle, est engendrée par l'écart qui existe entre les besoins mentaux du jeune téflon et son environnement.

Un enfant téflon « hyperexpressif » peut avoir un déficit grave d'attention, être sans cesse en mouvement, avoir une mauvaise mémoire, être dérangeant ou mal dormir. Tout cela fait partie d'un processus qui s'enchaîne et qui peut être corrigé de plusieurs façons. Hélas ! plusieurs enfants téflons sont soignés pour hyperactivité, ce qui n'améliore pas leur condition. Ils devraient plutôt être aidés à faire face à leur « hyperexpressivité ».

Nous verrons dans les sections consacrées aux différentes interventions de quelles façons nous pouvons aider ces jeunes à vivre à un rythme plus efficace pour eux et pour les autres.

La vie solitaire

Pour un jeune téflon, vivre seul n'est pas nécessairement un problème. Plusieurs aiment cela et sont heureux d'être enfants uniques. Un gamin téflon peut aimer avoir de la compagnie, mais plusieurs préfèrent de beaucoup être seuls. Certains n'ont pas d'amis et n'en cherchent pas. Ils vivent bien en solitaires et ne sont pas malheureux.

Dans certains contextes, ce genre de vie inquiète les parents. Encore une fois, on trouve que ce n'est pas normal. Pourtant, chez l'enfant téflon, cela peut être tout à fait légitime. Si nous essayons d'intervenir, nous pouvons engendrer des problèmes de comportement, problèmes que nous aurons à résoudre par la suite. Cela peut même créer une réaction en chaîne et nous entraîner loin, là où nous ne voulons justement pas aller.

Il se peut que l'enfant ait un problème de solitude, mais pour le téflon, cette solitude est souvent nécessaire, car elle lui permet de se recadrer. Nous pouvons lui ouvrir des portes afin de vérifier s'il a un problème de socialisation, mais il ne faut pas présumer qu'il en a un.

L'égoïsme

Nous avons vu que le jeune téflon gère son amour d'une façon différente. Celui-ci passe implicitement par le respect. Par conséquent, pour l'enfant téflon, le fait d'aimer n'implique pas le fait d'obéir, de servir ou de souffrir. Il est égoïste, mais pas plus que les autres personnes. La différence, c'est qu'il en est conscient et que cela fait partie de sa logique. Pour lui, une personne qui est altruiste est tout aussi égoïste ; si elle aide autrui, c'est parce qu'elle y gagne quelque chose.

D'autre part, l'enfant téflon peut apprendre facilement les avantages de s'entraider en société. Une chose est certaine, c'est qu'il est inutile voire dangereux d'essayer de le forcer à penser aux autres. Il y arrivera de lui-même lorsqu'il y verra son profit. Dès qu'il comprendra les avantages de l'entraide et de la vie sociale, il deviendra un fervent défenseur de l'altruisme. C'est encore par la voie de l'intelligence que doit passer cette partie de son éducation.

La crise existentielle

La crise existentielle est l'un des plus grands problèmes causés par la nature même de l'enfant téflon. Vers l'âge de neuf, dix ou onze ans, plusieurs jeunes téflons veulent savoir pourquoi ils vivent. Certains ont besoin d'une réponse dès l'âge de cinq ans. Mais attention ! ce n'est pas uniquement une question vague, d'intérêt général. L'enfant téflon qui vit une crise existentielle a besoin de réponses en harmonie avec sa logique. S'il n'obtient pas satisfaction, il perdra graduellement toute motivation.

Avant de réussir à l'école, l'enfant téflon a besoin de savoir pourquoi il existe. Il lui faut une réponse. De ce besoin découlent plusieurs problèmes : le manque de discipline personnelle, les échecs scolaires, le peu d'implication dans la vie familiale, notamment.

Les jeunes téflons, en plus d'être de fins psychologues, sont philosophes. Étant donné leur courte vie, donc leur manque d'expérience, ils se posent fréquemment des questions auxquelles ils ne sont pas équipés pour répondre de façon cohérente. Ils recherchent alors les réponses auprès des adultes. S'ils se heurtent trop souvent à l'incompréhension, au rejet ou à la moralisation, plusieurs jeunes souffrent de dépression psychologique face à la vie.

Il faut prendre au sérieux les questions existentielles d'un enfant téflon, mais il ne faut pas les dramatiser, comme cela se produit trop souvent. Plusieurs parents ont peur de ces questions, car elles les obligent à réfléchir sur leur propre vie ; ils ont tendance à repousser le jeune, espérant que ça lui passera.

Il est important que les questions de l'enfant téflon reçoivent une réponse. Même si ces réponses ne sont pas les meilleures, même si elles ne sont pas absolues, elles lui seront d'une grande utilité. Il est important également d'éviter de donner des réponses qui n'en sont pas vraiment. Par exemple, « les voies de Dieu sont impénétrables » sera interprété comme « va te coucher et tais-toi ». Pour un jeune téflon, cela équivaut à dire que nous ne sommes pas conscients de l'importance de son questionnement et que toutes ces choses nous passent loin au-dessus de la tête. S'il ne rencontre pas de gens avec qui discuter solidement de la vie, de la mort, et des mystères entourant cela, son questionnement peut devenir de plus en plus problématique. Certains enfants téflons se suicident, faute de réponses significatives.

Nous devons comprendre que, pour ce type de jeune, lorsque la vie n'a plus de sens, tout devient permis. Par conséquent, son comportement peut devenir très compliqué et asocial, sans que nous puissions y changer quoi que ce soit. Pour l'aider à se recentrer, il faut commencer par l'aider à sortir de sa crise existentielle.

DEUXIÈME PARTIE

Des outils d'intervention contextuelle

J'ai choisi de diviser l'aspect intervention en deux sections. La première concerne les actions à poser pour créer un environnement propice à l'épanouissement des enfants téflons et des adultes qui vivent ou travaillent avec eux. Ces interventions sont appelées « contextuelles » parce qu'elles servent à établir un contexte général propice à l'éducation. Chaque outil d'intervention contextuelle doit être présent en permanence. Il ne peut pas être utilisé de temps en temps, comme les outils ponctuels.

La deuxième section (voir « Troisième partie. Des outils d'intervention ponctuelle », à la page 155) comprend plusieurs outils à utiliser ponctuellement. Ces méthodes d'intervention sont utiles pour corriger certaines situations problématiques, qui peuvent surgir même lorsque le contexte dans lequel vit le jeune est bien ajusté à sa nature.

Il est important d'utiliser les outils d'intervention contextuelle avant de se servir des outils d'intervention ponctuelle, car il faut d'abord et avant tout établir un cadre de vie ajusté aux besoins de l'enfant téflon.

Pour bien comprendre la puissance des outils d'intervention contextuelle, il est important de bien situer ce qu'est un système. Un système est un ensemble d'éléments qui ont une relation dynamique entre eux et qui fonctionnent dans un but commun. Très souvent, nous pensons qu'une famille est un système, alors que c'est rarement vrai. Bien sûr, une famille est constituée de plusieurs éléments, comme le père, la mère et, souvent, un ou plusieurs enfants. Mais ce n'est pas nécessairement un système.

De même, si nous nous procurons une grande boîte et que nous la remplissons des pièces nécessaires pour construire une automobile, nous n'aurons pas une voiture. Nous aurons pourtant toutes les pièces, de A à Z, mais il n'y aura pas de relation dynamique entre ces différents éléments. Donc, pas de système, pas d'automobile. Du moment qu'une voiture tombe en panne, le système cesse d'exister. Une relation dynamique entre deux pièces a cessé. Nous avons toujours l'apparence d'une voiture, mais nous n'en avons plus une réellement.

C'est la même chose avec les familles. Il y a souvent apparence de système, mais ce n'est qu'une apparence, car il n'y a pas de relation dynamique entre les composantes. Il est également important de comprendre qu'un système peut n'être constitué que de deux éléments. Une famille peut ne comprendre qu'un parent et un enfant.

Pour aborder le travail efficace avec un enfant téflon, il faut donc constituer un système. Si ce n'est pas fait, nous n'aurons que de piètres résultats et nous devrons dire adieu à notre plaisir de le côtoyer. Les premiers outils que je propose servent donc à constituer ce système, que ce soit une famille ou une classe. Il est important de cesser de voir l'éducation comme une suite d'interventions ponctuelles, que nous faisons de temps en temps, à répétition. L'éducation est un art vivant. Elle doit se faire en tenant compte de toutes les particularités de l'enfant, ainsi que de l'éducateur et du milieu. Si vous ne partez pas avec l'idée de modifier l'ensemble de votre vision de l'éducation et de ce que sont les rôles d'« éduquant » et d'« éduqué », vous ne parviendrez pas à avoir de bons résultats dans vos interventions avec un enfant téflon.

Le jeune téflon a besoin d'un cadre juste et cohérent, dans lequel les adultes donnent l'exemple. Il doit comprendre pourquoi il faut faire telle chose et non telle autre. On ne peut pas l'éduquer en lui interdisant certaines actions, sans lui expliquer la globalité dans laquelle s'inscrivent ces interdictions.

L'expérience m'a permis de constater que, dans un contexte systémique, la majorité des problèmes auxquels font face les parents et les professionnels de l'éducation n'existent pas. Si des problèmes existent préalablement à la formation d'un système éducatif, tout revient naturellement dans l'ordre, d'une façon plus aisée et permanente, une fois le système bien implanté.

Une famille, un système familial, permet l'établissement d'un but commun, de désirs communs. Elle favorise le respect mutuel et une relation dynamique entre chaque membre, c'est-à-dire une relation qui enrichit chaque personne et qui permet d'avancer dans la vie. Une relation dynamique est une relation constructive. Une famille organisée en système est beaucoup plus qu'une simple famille. Elle est beaucoup plus forte que l'addition des capacités de chacun de ses membres, que le travail de chacun mis en commun. Elle est plus forte parce qu'elle est organisée.

Pour établir un système familial, pour être une famille forte, il faut certaines choses. J'ai trié les points les plus importants et je les ai placés dans l'ordre où ils devraient être acquis et appliqués. Certains points peuvent être permutés, mais le premier, le respect, doit conserver sa place, c'est-à-dire demeurer la première chose à instaurer.

Voici les outils que nous allons voir plus en détail :

- le respect ;
- l'« opinionisation » ;
- la communication ;
- la complicité ;
- les droits acquis ;
- le cadre ;
- la rétroaction et la réciprocité ;
- la connaissance de soi ;
- l'établissement d'un but.

Parmi ces outils, certains servent à consolider ou à créer d'autres outils. Ils sont très efficaces pour nous aider à faciliter notre vie de parent ou d'éducateur.

Pour pouvoir appliquer ce qui suit, il faut déjà être prêt à revoir sa façon de faire dans sa globalité. Vous allez probablement vous apercevoir que vous appliquez déjà certaines des méthodes que je vous propose. Dans ce cas, continuez tout simplement dans cette voie. Dans le cas contraire, je vous suggère chaleureusement d'essayer, avec une bonne volonté et une ténacité suffisante, les outils proposés. Vous ne le regretterez pas.

Il est à noter que vous trouverez à la fin de cette section une série de tableaux qui résument les outils d'intervention contextuelle.

CHAPITRE 10

Le respect

Le respect est probablement l'outil contextuel le plus important. Nous avons vu que, pour l'enfant téflon, l'amour passe par le respect, car il ne se laisse aimer que par des gens qui se respectent eux-mêmes et ne peut aimer que ceux-là.

Mais qu'est-ce que le respect ? Pour la majorité des gens, il n'y a pas de différence entre le respect qui se mérite et celui qui s'impose. Chaque fois que nous établissons un règlement pour nous faire respecter, nous créons la crainte, c'est-à-dire que nous engendrons le respect qui s'impose. Chaque fois que nous disons que l'enfant nous doit respect, nous parlons en réalité de crainte.

Quand un enfant se tait lorsque nous parlons, est-ce parce qu'il nous respecte ou parce qu'il ne veut pas être puni ? Ou encore parce qu'il a peur ? Pour répondre à ces questions, il suffit de se demander quelle sera notre réaction s'il nous interrompt. Si nous le réprimandons de quelque façon que ce soit, il n'y a pas de respect, mais de la crainte. Je ne dis pas que le jeune doit pouvoir nous interrompre quand il le veut. Au contraire. Mais je fais la différence entre le respect qui se mérite et le « respect » que l'on impose par la peur. Comme l'enfant téflon est puissant psychologiquement devant l'adulte, donc qu'il est capable de lui résister, et qu'il est difficilement manipulable par les voies émotives, il est très peu réceptif à la crainte. C'est ce qui explique pourquoi ce type de jeune semble être si irrespectueux.

Il importe de revenir au vrai respect, celui qui se mérite. Il est aussi difficile d'imposer le respect à un enfant téflon que de forcer quelqu'un à nous aimer. L'enfant téflon ne peut respecter que ce qui lui semble respectable. Mais il y a le respect de soi, base du respect, et le respect de l'autre, perfection du respect.

Voici plusieurs exemples de parents qui, devant leur enfant, ne se respectent pas du tout.

Un père visite une exposition de dinosaures avec son fils de huit ans. Il discute avec un autre adulte et ne semble pas tenir compte du fait que son fils l'accompagne. Le gamin tire sur la chemise de son père pour attirer son attention, mais rien ne se passe : ce dernier continue de discuter. De temps en temps, il se retourne violemment vers le jeune et lui demande d'arrêter. Il replace sa chemise et poursuit sa discussion. Il fuit son enfant en l'ignorant tout simplement.

Alors, le gamin s'éloigne et commence à escalader un dinosaure. Les autres visiteurs sont nerveux, de peur que le jeune brise quelque chose ou se fasse mal. L'enfant, un téflon, a tout le territoire à lui seul. Personne ne fait rien pour lui prouver le contraire. De temps à autre, le père revient dans la réalité et demande à son enfant de bien vouloir descendre de là. Il le lui demande... On ne demande pas à un enfant de ne pas faire une chose interdite, on le lui interdit, un point c'est tout. On doit lui expliquer le pourquoi de cet interdit, mais on ne lui demande pas, par exemple, de cesser de faire mal à sa petite sœur. On l'en empêche. Mais ce jour-là, le père demande, et le jeune l'ignore. Ensuite, l'adulte revient dans son autre monde, son monde d'adultes, et reprend sa discussion.

Je connais cette famille et je sais que l'enfant, un fils unique, fait tout ce qu'il veut, partout où il est. Ses parents ne se respectent absolument pas devant lui et le jeune est alors complètement perdu. Son comportement est typique d'un enfant qui cherche des limites. Il a besoin d'adultes qui se tiennent debout, qui se respectent eux-mêmes.

Un gamin de quatre ans, « qui n'a pas de parents », lui non plus, assiste à la visite d'un navire de guerre de la marine canadienne. En fait, il y a bien une mère et un père qui l'accompagnent, mais pas de véritables parents. L'enfant agit comme un vrai monstre, comportement typique du téflon à la recherche d'un cadre respectable, c'est-à-dire d'un cadre dans lequel se trouvent des adultes respectables.

Lors de la montée d'une échelle de coupée, le garçon passe avant sa mère, après l'avoir bousculée. Pendant la montée, il s'arrête et dit à celle-ci, alors sous lui, qu'il est fatigué. Puis, tout simplement, il s'assoit sur la tête de sa mère et se repose quelques secondes. Cette dernière ne bronche pas et contracte ses muscles pour soutenir son enfant. Tout le monde attend que le jeune libère le passage. Une fois en haut, la mère regarde l'une de ses amies qui l'accompagnent et lui dit : « Que veux-tu que je fasse avec un enfant comme ça ? »

Le respect n'existe pas parce que, devant l'enfant, les parents fondent, se diluent et ne se respectent plus eux-mêmes en tant qu'êtres humains. Ce problème n'est pas ponctuel, mais contextuel. Alors, il faut appliquer une solution contextuelle. Il faudra quelques semaines pour rétablir le respect dans la famille de cet enfant. Le punir sur le moment, le punir de temps en temps, le gronder quelquefois, tout ça ne servira à rien, sinon à permettre à l'adulte de se défouler un peu.

Le respect est un outil contextuel. Il doit être présent en permanence. Il ne faut pas demander à être respecté quelquefois, et laisser aller le reste du temps. Le respect se mérite et il se mérite tout le temps. Il n'y a pas de moment où nous valons moins et d'autres où nous valons plus. Il faut être homogène dans le respect de soi.

Plus nous nous respectons, plus l'enfant téflon nous aimera, le démontrera, nous respectera et sera heureux. C'est vrai et ça fonctionne. Il ne faut pas avoir peur de perdre son jeune en commençant à se respecter soi-même. Même s'il proteste au départ, ce qui est normal, car il est «syndiqué» et considère qu'il a des droits acquis, il s'adaptera rapidement à ce changement et adorera cela.

Mais qu'est-ce que se respecter soi-même? Nous pouvons définir cela en quelques mots: ne plus laisser quiconque nous monter sur le dos. Qu'est-ce que le respect des autres? Nous pouvons aussi définir cela en quelques mots: ne plus monter sur le dos de quiconque. Si nous nous en tenons à cela, nous avons déjà fait un grand bout de chemin. Pour cela, il nous faut admettre que:

1. Avant d'être parents, nous sommes des êtres humains et nous avons droit à notre vie, même si nous sommes maintenant parents.
2. Nous avons droit à notre espace vital.
3. Nous avons le droit de prendre du temps pour nous.
4. Nous avons le droit de penser à nous.
5. Nous sommes les propriétaires de notre maison, c'est nous qui payons l'hypothèque (ou le loyer). De ce fait, c'est nous qui faisons la loi et qui établissons les règles.
6. Nous acceptons de prêter une partie de notre habitation à notre enfant, mais nous faisons cela parce que nous sommes bons et que nous l'aimons, et non pas parce que nous sommes obligés de le faire.
7. Les meubles sont à nous. Nous les avons achetés. Nous en faisons ce que nous voulons.
8. Nous achetons des meubles pour notre jeune. Il n'a pas à exiger quoi que ce soit. C'est notre

argent. Nous pouvons écouter ses besoins, mais jamais nous n'écoutons ses exigences.
9. Nous menons notre vie à notre façon. Nous ne devons pas avoir notre enfant sur le dos. Nous devons écouter ses besoins, mais jamais nous n'écoutons ses exigences.
10. Nous avons le droit de nous reposer.
11. Nous avons le droit de manger en paix.
12. Nous avons le droit d'être heureux.

Que nous soyons un père ou une mère, un homme ou une femme, nous avons les mêmes droits. Bien sûr, le jeune a aussi des droits, mais nous devons passer avant lui. Cela peut paraître sans cœur aux yeux de plusieurs personnes, mais c'est la façon de faire si nous voulons apprendre à nous respecter devant notre progéniture.

Voici un exemple. Lorsque nous prenons l'avion, un moyen ou un gros porteur, il y a des directives à suivre en cas d'urgence. Parmi celles-ci, on nous explique que, si une dépressurisation survenait, des masques à oxygène tomberaient automatiquement devant nous. L'hôtesse ajoute pour les personnes accompagnées d'un enfant de ne pas s'occuper de lui en premier. Le parent doit commencer par penser à lui et il doit mettre son masque à oxygène, même si son enfant suffoque et perd connaissance. Cela semble sans cœur, n'est-ce pas ? Pourtant, c'est la façon de faire et il en est ainsi parce que c'est logique. Une fois que le parent a mis son masque, il doit alors, et seulement alors, mettre le masque à son enfant. Pourquoi une telle procédure ? Parce que si le jeune perd connaissance, le parent sera toujours là pour lui mettre son masque et l'aider. Par contre, s'il s'occupe de son enfant avant de s'occuper de lui, et s'il perd connaissance avant d'avoir mis son propre masque, il n'est pas évident que son enfant sera en mesure de lui venir en aide.

Sur le plan du respect, c'est la même chose. Si nous nous occupons de nous en priorité, sans monter sur le dos du jeune, nous serons en bien meilleure posture pour l'aider, donc pour l'éduquer.

CHAPITRE 11

L'« opinionisation »

Il est important d'avoir des opinions et de les partager, mais pas n'importe comment. On peut :

- démontrer ses opinions ;
- débattre de ses opinions ;
- changer d'opinion.

L'« opinionisation », ce n'est pas simplement avoir appris des opinions, c'est s'en être forgé. Une personne qui a fait ce travail ose parler de ce qu'elle pense. Elle n'est jamais neutre devant une situation. Elle a une opinion sur tout. Mais attention ! Pas une opinion collective, une opinion toute faite, ou apprise. Elle a ses opinions, même si l'ensemble de la collectivité ne les partage pas. Elle ne se rallie pas à une opinion en vogue simplement parce qu'elle est en vogue.

L'enfant téflon a besoin de ce genre de phare dans sa vie. Il a besoin de gens qui ont su se forger des opinions personnelles. Cela le stimule et l'aide à s'accrocher à la vie et à son avenir. Ces personnes constituent l'élément le plus important pour aider un jeune à ne pas décrocher de l'école. C'est la voie la plus sûre pour lui donner le goût de devenir quelqu'un.

L'« opinionisation », c'est communiquer ses impressions, ses idées et ses constatations. Ce n'est pas essayer de convertir son entourage à ses idées, mais c'est laisser celles-ci rayonner vers l'extérieur.

Ainsi, si nous écoutons une émission de télévision intéressante, cela doit paraître. Lorsque nous voyons, au bulletin de nouvelles, qu'une thérapie vient d'être mise au point pour soigner telle ou telle maladie, nous pouvons exprimer notre enthousiasme. Il faut que cela soit communicatif.

Nous devons être intéressés à la vie et non pas nous contenter de la regarder passer en spectateurs. L'enseignant qui a su se forger des opinions et qui encourage cette attitude chez les jeunes présentera au début de son cours de mathématiques, par exemple, une portion du bulletin de nouvelles de la veille à ses élèves et lancera une discussion sur ce sujet. Il ne consacrera que quelques minutes à cette activité, mais il fera prendre conscience à sa classe de ce qui se passe dans la société. Il démontrera par là qu'il est au courant lui aussi des bonnes et des mauvaises choses qui les entourent. Pour l'enfant téflon, c'est là un grand signe d'intelligence. En plus, une personne qui a des opinions personnelles se respecte elle-même. Le jeune téflon se rapprochera automatiquement d'elle. Il en a besoin.

De même, un parent qui s'exclame en découvrant quelque chose de positif dans la vie est une personne attirante pour le jeune téflon. Et pour apprécier une chose, il faut être capable de s'en faire une opinion. Pourquoi sommes-nous toujours en vie ? Avons-nous une raison de supporter notre vie ? Quelle est notre opinion là-dessus ? Pourquoi voulons-nous que notre enfant réussisse à l'école ? Pour avoir l'impression d'avoir été de bons parents ? Pour être fiers de lui ou de nous ? Pour que l'école ne nous dérange pas ? Pourquoi ? Avons-nous une opinion sur ces sujets ? Pas une opinion toute faite, pas une opinion qui n'est qu'un argument de défense. Une vraie opinion !

Se forger une opinion personnelle, c'est vivre sa vie. Nous devenons alors un exemple pour notre enfant. Il n'est pas nécessaire d'être un surhomme ou une surfemme pour être son idole. Il faut parfois bien peu. Se respecter et avoir des opinions personnelles.

Ces deux outils sont des outils contextuels. Donc, il faut qu'ils soient présents en permanence. Si nous avons parfois une opinion, et d'autres fois aucune idée sur ce qui se passe, l'enfant ne sait plus qui nous sommes. Alors, il penchera pour l'un des deux côtés. Il est important de s'entraîner à rester homogène. Notre vie en sera transformée et ce sera bénéfique pour notre rejeton.

CHAPITRE 12

La communication

La communication est importante dans toute relation entre deux personnes. Elle l'est encore plus si l'une d'elles a pour fonction d'éduquer l'autre.

Cet outil n'est pas une méthode ponctuelle; il doit être envisagé de façon contextuelle. Autrement dit, la communication ne doit pas servir uniquement lorsque les choses ne vont pas, même si c'est fréquemment de cette façon que les parents et les professionnels de l'éducation l'utilisent. Pas surprenant que leurs efforts restent vains! La communication doit faire partie de la structure de base d'un système comme la famille ou l'école.

Communiquer, ça s'apprend. Hélas! ça s'oublie aussi. Il faut s'entraîner régulièrement à la communication. Parmi les points intéressants à maîtriser, il y a ceux-ci:

- nuancer sa pensée;
- choisir les mots justes;
- ne pas projeter ce que nous vivons sur l'autre;
- être capable d'écouter;
- avoir des opinions personnelles.

Ces cinq points de base sont appuyés par douze autres points, qu'il est intéressant d'utiliser avec un enfant téflon en cas de problème:

- tenir un discours logique;
- utiliser un discours sans trop d'émotions;

- le surprendre en évitant de répéter sans cesse les mêmes choses ;
- ne pas le culpabiliser ;
- faire en sorte que ça lui rapporte ;
- employer un langage clair et précis en traitant des faits ;
- traiter un problème à la fois ;
- être direct en évitant les détours et les sous-entendus ;
- être philosophe ;
- utiliser un ton amical, même s'il est parfois autoritaire (voir aussi l'outil d'intervention ponctuelle appelé « centrisation ») ;
- être transparent ;
- ne pas poser de questions dirigées.

Je vais passer en revue les différents éléments permettant d'instaurer un contexte dans lequel la communication sera possible. Bien qu'il semble y avoir beaucoup d'éléments desquels il faut tenir compte et maîtriser, nous verrons qu'il est plus facile qu'il n'y semble au début. Il devient vite aisé d'utiliser ces éléments et de parvenir à avoir une relation basée, entre autres, sur la communication.

Pour se faciliter la tâche, il est bon de commencer par apprendre à manipuler un élément à la fois.

Les points majeurs

Nuancer sa pensée

Les paroles modifient la pensée. Nous nous instruisons beaucoup par ce que nous disons. Plus nos paroles sont dénuées de sens, plus notre pensée est vide. Il est important, pour nous et pour le jeune, que nous apprenions à nuancer celle-ci. Pour ce faire, nous allons utiliser un outil qui m'a servi dans bien des cas, parfois des cas très compliqués ; celui de l'échelle des nuances.

J'ai appliqué cette échelle la première fois lorsqu'un jeune, qui en avait ras le bol de la vie, essayait de m'expliquer pourquoi il pensait sérieusement au suicide. Il me disait que la vie était morne, qu'il n'avait rien à y faire et que tout était dégueulasse, selon ses propres termes. Alors, je lui ai demandé s'il pouvait me dire où il situait la discussion que nous avions ensemble sur une échelle de 0 à 10, 0 signifiant « très dégueulasse » et 10, « très intéressant ». Après quelques secondes de réflexion, il me déclara que notre discussion méritait au moins un 9. Je poursuivis en lui demandant d'évaluer comment il se sentait, en général, dans sa vie. Il me donna un 3.

Nous avons poursuivi comme ça, en évaluant les dernières journées qu'il avait vécues, pour en arriver à une moyenne de près de 4. Puis, en prenant d'autres parties de sa vie, les amis qu'il avait, l'amitié et l'amour que lui portaient certaines personnes, la moyenne est montée à 6. Lentement, il devenait évident que, pour lui, la vie n'avait jamais été dégueulasse. Il ne savait plus nuancer, ni ses mots, ni sa pensée. Il prit rapidement goût à ce jeu et s'amusa à évaluer d'autres choses dans sa vie. À la fin, il avait même découvert que, finalement, il se plaignait pour pas grand-chose.

Cette échelle me sert maintenant régulièrement. Je l'utilise, par exemple, pour aider un enfant à découvrir qu'il aime ses parents ou à évaluer ce qu'il pense de l'école. C'est un outil formidable, toujours bien reçu par les jeunes, téflons ou non. Pour l'utiliser efficacement, il est bon d'apprendre à établir les balises d'évaluation, c'est-à-dire la valeur du point de départ et du point d'arrivée.

Si nous disons à un jeune qui déclare détester l'école : « Sur une échelle de 0 à 10, que ressens-tu face à l'école, 0 signifiant que tu la détestes et 10 que tu l'adores ? » ; nous aurons probablement une mauvaise réponse. En effet, si nous utilisons le mot du gamin comme référence de départ, nous l'obligeons presque à dire 0 («Je la déteste»). Si nous lui disons plutôt: «De 0 à 10, 0 étant que tu hais l'école sous toutes ses coutures, c'est-à-dire qu'il n'y a absolument rien là-dedans qui te plaise, et 10, que tu l'adores, dis-moi le plus précisément possible la valeur que tu lui donnes», nous aurons une réponse beaucoup plus près de la réalité. Il est important de bien déterminer les balises. Ainsi, l'enfant se place toujours d'une façon plus juste entre celles-ci.

L'utilisation de cette échelle des nuances apporte de nombreux avantages. D'une part, elle permet à l'enfant de nuancer sa pensée, donc ses paroles, et de s'instruire lui-même sur ce qu'il vit. D'autre part, elle nous permet de nous situer plus précisément vis-à-vis de ses besoins, de ses problèmes et de ce qu'il vit, et ainsi d'épargner beaucoup de temps en ne discutant pas inutilement sur de faux problèmes. Par exemple, si le jeune dit que l'école est complètement dégueulasse et, qu'après avoir utilisé l'échelle, il se rend compte qu'il a placé l'école à 6, nous ne perdrons pas notre temps à dialoguer sur la signification de dégueulasse, mot qui n'était pas juste et qui exagérait le problème.

L'échelle des nuances, qui est un outil d'intervention ponctuelle, doit être utilisée chaque fois que les termes employés par quelqu'un sont trop globaux, ou nous semblent exagérés.

Un jour, une jeune fille me disait que tout ce qu'elle faisait à l'école était ennuyant. Immédiatement, j'ai voulu savoir ce qu'elle entendait par le mot tout. C'est important d'intervenir rapidement, quitte à interrompre la personne qui nous parle. Il ne sert à rien de la laisser poursuivre si, déjà, nous ne sommes pas sûr de la comprendre.

Elle me répondit que, tout, c'était tout. Alors, je lui demandai d'évaluer sur l'échelle des nuances chaque activité qu'elle faisait à l'école. Encore une fois, les résultats l'ont surprise. Elle a découvert qu'elle aimait l'école beaucoup plus qu'elle ne le pensait.

Plus les paroles sont nuancées, plus la pensée le devient. Plus nous pensons de façon nuancée, plus notre vision du monde est claire et précise et plus nous devenons capables d'intervenir dans notre vie. Plus le discours de notre jeune est nuancé, plus nous pourrons communiquer avec lui et plus nous pourrons lui être utile.

Choisir les mots justes

Voilà quelque chose de plus en plus rare! Nous nous exprimons souvent avec des mots erronés. Je m'explique. Lorsque notre enfant nous parle, il peut utiliser des mots qui n'ont rien à voir avec ce qu'il veut communiquer. Il peut aussi utiliser des mots qui renforcent son impression qu'il ne vaut rien, qu'il n'est rien ou qu'il ne sait rien. Ces mots, que j'appelle des mots faux, l'instruisent insidieusement de choses qui ne sont pas vraies. Attention! Les mots faux sont tout aussi dangereux pour nous, adultes. Ils nuisent à tous et nous rendent souvent moins vraisemblables aux yeux des enfants téflons. Prenons des exemples.

«Non, mais as-tu vu comme c'est beau?» L'expression «Non, mais...» est courante. Pourquoi dire le mot non avant d'exprimer quelque chose de positif? Cette négation nous instruit inconsciemment que ce qui suit le mot non n'est pas nécessairement aussi vrai que ça.

«Je ne sais pas... c'est l'enseignant qui...» L'expression «Je ne sais pas...» est souvent employée, même si nous savons. La preuve, la majorité des gens qui l'utilisent continuent leur énoncé et nous expliquent ce qu'apparemment ils ne savent pas! Donc, ils savent. Cette expression nous instruit que nous ne savons peut-être pas vraiment au fond... Cela a pour effet d'altérer sérieusement la confiance que nous avons en nous. Il en est de même pour notre jeune.

J'ai répertorié plus de soixante-dix expressions et mots erronés. Il serait trop long de tous les expliquer ici. C'est à chacun de nous de demeurer attentif et d'apprendre à les reconnaître et à les chasser de notre façon de parler.

Il y a aussi des contradictions entre ce que nous disons et notre gestuelle. Souvent, nous disons oui, en faisant un signe négatif de la tête. Nous disons quelque chose de positif, comme « Que c'est beau ! », et nous accompagnons notre phrase d'un signe négatif de la tête. Nous le faisons souvent et nos enfants le font aussi. Tout ça contribue à nous instruire et à instruire nos jeunes que nous ne sommes jamais certains de ce que nous pensons et de ce que nous disons.

Plus nous nous exprimons en choisissant bien nos mots, en utilisant des termes qui reflètent réellement notre pensée, plus notre communication est claire, compréhensible et vraisemblable. Il en est de même pour notre enfant. Plus il apprendra à se servir des mots justes, plus sa pensée sera claire et plus il parlera avec facilité.

Ne pas projeter ce que nous vivons sur l'autre

Il y a deux façons de projeter ce que nous vivons sur l'autre et dans les deux cas, cela nuit de façon considérable à la qualité de la communication.

Premièrement, nous pouvons avoir tendance à utiliser le mot tu de façon certaine, en prétextant que nous savons mieux que l'autre ce qu'il pense ou ce qu'il veut ou voulait faire. Si nous disons à notre enfant « Tu me déranges », cela implique que c'est ce qu'il fait. Mais pour le jeune, il se peut très bien qu'il ne perçoive absolument pas ses actes de cette façon. Alors, il protestera et un différend peut s'ensuivre.

Si nous disons « Tu le fais exprès... », encore une fois, l'enfant, qui ne fait sûrement pas exprès pour s'attirer la colère de son parent, contestera ce qui vient d'être dit. Alors, la communication est presque toujours ardue, voire impossible.

Si par contre, nous utilisons un mot plus ajusté à notre réalité, nous pourrons établir la communication, sans que l'enfant se sente injustement agressé. Si nous disons : « Ce que tu fais me dérange... », nous exprimons que nous nous sentons dérangés par le comportement de notre enfant. Ça, il ne peut pas le nier. Il ne peut pas dire que ce n'est pas vrai et que ça ne nous dérange pas.

Pour établir une communication agréable et efficace, il ne faut pas nous projeter sur l'autre en croyant qu'il pense ce que nous pensons... Il ne faut pas présumer de ses intentions.

Deuxièmement, nous ne devons pas essayer de faire dire à l'enfant ce que nous voulons qu'il nous dise, c'est-à-dire ce que nous croyons qu'il vit. Si, par exemple, il nous confie que ça va mal à l'école, nous ne devons pas enchaîner en disant : « Je suppose que tu t'ennuies ! » En agissant ainsi, nous dirigeons trop fortement la pensée de notre jeune. Il peut y avoir deux réactions à ce genre de projection. La première : l'enfant sera d'accord avec nous et nous donnera l'impression que nous le comprenons bien, alors que ce n'est pas nécessairement vrai. La deuxième : l'enfant aura l'impression que nous essayons de le pousser à penser comme nous et il se refermera tout simplement, s'il ne s'en irrite pas.

Être capable d'écouter

L'écoute implique non seulement de laisser l'autre parler, mais aussi de décoder ce qu'il veut dire et qu'il n'arrive pas à dire clairement. L'une des façons d'écouter activement est d'amener l'enfant à nuancer ses dires (voir la section « Nuancer sa pensée » à la page 104). Il y a aussi d'autres façons d'être à l'écoute. Faire attention de ne pas projeter ses émotions sur l'autre en est une (voir « Ne pas projeter ce que nous vivons sur l'autre» à la page 108). Cela nous permet d'écouter plus attentivement ce qu'il dit vraiment.

L'enfant qui nous confie qu'il est malheureux, par exemple, doit être écouté et amené à nuancer ses dires, donc sa pensée. La question «Que veux-tu dire par le mot malheureux» est plus pertinente que les commentaires du genre «Ne dis pas ça, les choses ne sont pas si terribles que ça», «Je te comprends!» ou «Dis-moi ce qui te rend si malheureux». Le fait d'amener le jeune à nuancer au départ le mot malheureux nous aidera beaucoup plus que les informations recueillies par les autres questions, ou par les réactions engendrées par les commentaires.

Le décodage est important, mais il implique le risque de se projeter chez le jeune. Décoder, c'est comprendre ce que l'enfant ne dit pas en paroles, mais communique à travers les lignes. Prenons un autre exemple. Un jeune dit: «Je n'aime pas le cours de géographie. Le prof est toujours sur mon dos et ça m'embête. Je n'ai plus le goût de suivre ce cours.»

Si nous écoutons, nous apprenons que l'enfant ne veut plus aller au cours de géographie à cause de son enseignant qui, selon lui, le harcèle. Est-ce vraiment ce que vit le jeune? Est-ce là la vraie raison de la perte de motivation face au cours? Ou sont-ce des excuses que l'enfant a trouvées pour exprimer un autre problème?

Voici des questions que nous pouvons lui poser: «Selon toi, si tu avais un enseignant plus intéressant, qui te laissait en paix, crois-tu que tu aimerais plus ce cours?» Si la réponse est «Oui», on poursuit dans ce sens. Si, par contre, la réponse est «Je ne sais pas», ou «Non», nous savons maintenant que le problème que nous a communiqué l'enfant est mal formulé. Il y a d'autres choses sous-jacentes à ce qu'il vit ou croit vivre.

Savoir écouter, c'est aussi se questionner. C'est se demander continuellement si le jeune dit bien ce qu'il vit. Savoir écouter, c'est aussi savoir poser des questions, afin de vérifier ce que nous avons appris. Cela s'appelle de la rétroaction, mais nous reviendrons sur cet outil plus loin.

Savoir écouter, c'est amener l'autre à communiquer exactement sa réalité, de la façon la plus réaliste possible, le plus justement possible et de manière que nous puissions recueillir le maximum d'informations nous permettant de l'aider.

Avoir des opinions personnelles

Nous avons déjà vu cet outil d'intervention contextuelle. Il est important de savoir que, pour mieux communiquer, plus nous aurons d'opinions personnelles, plus nous serons semblable à nous-même et moins nous chercherons nos mots et nos arguments. Il est bon d'amener l'enfant à forger ses propres opinions, lui aussi. Plus il aura une opinion personnelle des choses, plus sa pensée sera claire.

* * *

Nous avons vu les cinq grands points principaux. Ceux-ci sont valables pour toutes sortes de communication, avec toutes sortes de gens. Voyons maintenant les douze points secondaires ; ils sont importants dans une communication qui s'adresse spécifiquement à un enfant téflon.

Les points secondaires

Tenir un discours logique

Il y a différentes façons d'établir un discours logique, et cela pour n'importe quel problème. Un discours logique est un discours cohérent. Il ne doit pas être aléatoire. Il doit avoir un but et y conduire le plus directement possible.

Un discours logique ne contient pas de contradiction. Il se tient. Il oblige autant l'enfant téflon à être logique que l'adulte qui lui parle.

Lorsqu'un directeur d'école explique à des élèves que l'école est importante et qu'ils doivent tous arriver à l'heure à leurs cours, il est logique. Mais lorsqu'il rajoute que, chaque fois qu'un jeune arrivera en retard, il sera obligé de venir à son bureau afin de percevoir un billet de retard, il devient illogique. En effet, si le fait d'être à l'heure est important, alors pourquoi faire perdre quinze minutes de plus à un élève qui arrive trois minutes en retard ?

Pour qu'un enfant téflon nous écoute et nous respecte, il est important que notre discours soit logique.

Utiliser un discours sans trop d'émotions

Pour ne pas donner l'impression au jeune téflon que nous essayons de le manipuler, il est souvent important d'avoir un discours épuré de toute émotion. Plus nous communiquons en utilisant des mots ou un ton émotifs, plus la communication peut devenir difficile.

Un discours émotif est un discours basé sur le fait que nous aimons le jeune, sur le fait qu'il nous aime, et souvent sur une demande de preuve de cet amour, ou sur une menace de rupture de celui-ci. Lorsque nous disons quelque chose comme « Tu sais, Marie, ça m'inquiète que tu ne réussisses pas bien à l'école », nous avons un discours émotif. Si Marie est téflon, il y a fort à parier que ce discours ne la touchera pas.

Nous avons vu que l'enfant téflon est difficilement manipulable par les voies émotives et qu'il gère son amour d'une façon différente. Il faut en tenir compte dans nos stratégies d'intervention. Dans notre discours, cela doit transparaître.

Dans le cas de Marie, il est aussi peu approprié de dire : « Ça ne t'inquiète pas, toi, de ne pas réussir ton année scolaire ? » Que ça inquiète la jeune fille ou non n'est pas pertinent, car celle-ci raisonne assez mal à partir de données basées sur l'émotivité. Il est préférable de discuter avec l'enfant téflon, et ses enseignants au besoin, sur des bases plus logiques et concrètes.

Un discours non teinté d'émotions est de la plus grande utilité pour maintenir une bonne communication avec un enfant téflon qui vit un problème.

Le surprendre en évitant de répéter sans cesse les mêmes choses

L'une des choses que l'enfant téflon déteste profondément est la moralisation. Le fait de moraliser un jeune téflon est, pour lui, la preuve évidente que nous essayons de le manipuler et de le culpabiliser. Cela ne colle absolument pas et vient envenimer la communication.

Si nous répétons régulièrement les mêmes choses, les mêmes phrases ou les mêmes mots, nous permettons au jeune de s'y habituer et de se confectionner un bouclier face à nous. Comme il entend presque toujours les mêmes choses, partout où il va, il finit par devenir imperméable à ce genre de discours.

L'enfant téflon prend beaucoup d'expérience au contact des adultes. Il finit par comprendre comment ceux-ci tentent de le manipuler et, souvent, d'avoir le dessus sur lui. Lorsqu'un jeune téflon vit de mauvaises expériences avec les grands, il se fait une barrière contre tout type d'intervention ayant pour objectif de modifier sa pensée. De ce fait, si nous arrivons avec un discours traditionnel, un discours moralisateur ou le même discours, jour après jour, tout cela glissera sur lui. En plus, il aura l'impression que nous tentons encore une fois de le manipuler. Comme il est un bon manipulateur, l'enfant téflon déteste se sentir manipulé à son tour.

Pour outrepasser ses défenses, il est souhaitable d'innover. Plus nous serons nouveaux dans nos dires et dans notre façon de faire, plus nous le surprendrons. Nous le rejoindrons alors plus facilement et, chose intéressante, il aimera cela. Par notre façon neuve de communiquer, nous ne cadrerons plus dans le moule dans lequel il a placé l'ensemble des adultes.

Pour lui, c'est rassurant de rencontrer quelqu'un qui sait être vivant ! Cela le dynamise et, parce qu'il doit utiliser à son tour son intelligence pour nous suivre, il se plaît automatiquement dans ce genre de dialogue.

Ne pas le culpabiliser

En fait, il est préférable de ne culpabiliser aucun enfant. Mais dans le cas de l'enfant téflon, la culpabilité a un effet encore plus dangereux que sur les autres jeunes. Si ces derniers souffrent trop de la culpabilité, ils modifient alors leur comportement, demandent pardon, bref ils s'arrangent pour fuir cette souffrance. Dans le cas des jeunes téflons, la culpabilité ne modifie à peu près jamais leur comportement.

Comme nous l'avons vu, l'enfant téflon n'est presque pas manipulable par les voies émotives. La culpabilité en est une. Étant donné que le jeune téflon est un être humain, et de ce fait, pourvu d'émotions, il peut se sentir coupable. La différence avec l'autre jeune, c'est qu'il souffrira encore plus de modifier son comportement sous le poids de la culpabilité que de souffrir de se sentir coupable. Donc, la culpabilité ne change rien chez lui, en dehors du fait qu'elle le détruira à petit feu et qu'elle l'incitera à couper les liens.

En plus, la majorité des enfants téflons, avant même qu'ils ne se sentent coupables, voient là une autre tentative de manipulation de notre part. Lorsque nous disons : « Ne penses-tu pas que tu ferais moins souffrir ta petite sœur si tu agissais différemment ? », nous utilisons un argument émotif, qui tend à instaurer la culpabilité.

Ce n'est pas la bonne façon de communiquer avec un enfant téflon.

Faire en sorte que ça lui rapporte

Je dis souvent, dans les conférences et les ateliers que je donne, que l'enfant téflon est un « syndiqué », qu'il est seul dans son syndicat, mais que celui-ci est puissant. Plusieurs parents savent qu'il faut parfois négocier ferme avec un tel jeune pour en arriver à quelque chose. C'est normal car l'enfant téflon est un enfant mature. C'est un peu un adulte sans expérience qui vit dans le corps d'un jeune. Si nous voulons discuter avec lui afin de résoudre un problème, il est préférable de trouver des arguments qui contiennent des avantages pour le jeune. Sinon, l'enfant ne verra pas pourquoi il modifierait tel ou tel comportement, ou pourquoi il se donnerait du mal pour résoudre un problème.

Le fait de le punir s'il agit mal n'est pas un argument valable. Non seulement cela ne donnera rien au jeune s'il change d'attitude, mais de plus nous le menaçons, c'est-à-dire que nous tentons de le manipuler. Cela ne collera pas.

Que la solution au problème lui rapporte quelque chose ne signifie pas qu'elle nous nuise. J'ai constaté que, dès que le jeune y voit un avantage, il bouge. Mais pour lui, un avantage n'est pas l'absence de punition. Ce n'est pas un avantage pour lui de ne rien avoir, de ne pas être puni par exemple, lorsqu'il fait ce qu'on lui demande. Il doit y gagner quelque chose. Il est comme nous. Donc, le discours doit contenir au moins un avantage. Qu'est-ce que le jeune gagne s'il va à l'école et réussit son année ? Que gagne-t-il à être gentil avec les autres ? Que gagne-t-il à réfléchir avant d'agir ? Que gagne-t-il à résoudre tel ou tel problème ? Il est bon que notre discours puisse l'aider à répondre à ces questions.

Nous devons donc essayer de tenir une conversation qui recherche des avantages et non pas uniquement des inconvénients, de la culpabilité et des punitions. Le jeune téflon sera beaucoup plus intéressé par notre discours s'il est logique, motivant et s'il l'aide à rechercher les bienfaits qu'il tirera à résoudre tel ou tel problème ou à modifier son comportement.

Employer un langage clair et précis en traitant des faits

Dans la communication, il y a souvent ce que les experts appellent le bruit. C'est un peu comme ce que nous entendons, parfois, lorsque nous parlons au téléphone, quelque chose qui interfère dans notre communication ; dans ce cas, nous appelons cela de la friture.

Dans une conversation, le bruit représente tout ce qui dérange et rend les échanges moins clairs. Ce peut être le son émis par une voiture et qui rend notre parole inintelligible, mais ce peut aussi être des mots que nous utilisons à mauvais escient ou une façon de parler, un ton émotif. Lorsque nous voulons dire à un enfant téflon qu'il n'a pas le droit de mâcher de la gomme en classe, et que nous le faisons de cette façon : « Tu sais qu'il y a un règlement qui interdit de faire ce que tu fais présentement ? », il y a beaucoup de bruit.

Bref, le bruit, c'est tout ce qui nuit à notre propos. Dans le cas d'une communication avec un enfant téflon, les émotions sont souvent du bruit, de même que les tentatives de culpabilisation, les discours qui ne lui rapportent rien, et ceux qui sont incohérents.

Mais l'un des bruits majeurs dans une relation avec un enfant téflon, c'est la partie du discours qui ne concerne pas les faits. Par exemple, lorsque nous disons à notre gamin : « Te rends-tu compte de ce qui aurait pu arriver ? Tu aurais pu briser ce vase avec tes folies ! », nous ne parlons pas des faits, mais des possibilités. Ce genre de phrase contient majoritairement du bruit. Elle est irrecevable par le jeune téflon, qui la contrera probablement avec un argument comme : « Ben quoi ? Le vase n'est pas cassé. » Plus il y a de bruits dans notre langage, moins l'enfant téflon nous écoutera.

Il ne sert à rien de prétendre qu'il a compris ce que nous voulions dire car, même si cela est vrai, l'enfant téflon restera probablement sur sa position et exigera une communication sans bruit. Il a sans doute compris, mais il jouera le jeu de celui qui n'a pas saisi. Il a besoin d'une communication directe qui traite des faits, sinon il se sent manipulé et résiste fortement.

Nous avons vu que, pour aimer, pour se sentir aimé et pour se laisser aimer, le jeune téflon a besoin de respect. Chaque fois qu'il se sent manipulé, il perd celui-ci. C'est pourquoi il est si résistant en face de tout ce qui donne l'impression d'être une manipulation. Si nous reprenons l'exemple du vase, il y a plusieurs façons d'intervenir. Premièrement, il faut essayer d'être le moins émotif possible et de ne pas se laisser manipuler par les événements. Il faut garder sa dignité, sa respectabilité.

Nous pouvons demander à notre enfant de faire attention, car c'est souvent par de simples étourderies que les accidents arrivent. Comme vous ne voulez pas que ce vase soit brisé, vous ne l'avez pas acheté pour cela, vous lui demandez de faire attention, c'est tout.

Je répète encore une fois que la pédagogie est un art vivant et qu'il n'y a pas de trucs. Nous devons comprendre comment agir et non pas copier les agissements des autres. Une personne peut dire une chose à un jeune et modifier positivement son comportement. Une autre peut copier cette stratégie et manquer complètement sa tentative. Il y a des nuances, des subtilités et une synchronisation différente entre les deux personnes et les deux événements. Il faut en tenir compte et ne pas copier bêtement.

Si vous trouvez que l'intervention concernant le vase n'est pas très appropriée, sachez qu'elle a bien fonctionné avec le jeune à qui elle a été servie. Il s'agit toujours d'interventions qui ne fonctionnent qu'une fois, rarement deux. Chaque personne doit innover, en suivant le plus possible la démarche qui rejoint ce type de jeune.

Donc, il faut traiter des faits. « Tu as encore eu de mauvaises notes en classe », c'est un fait. « À ce rythme-là, tu vas manquer toute ton année », c'est une possibilité seulement, et le jeune perdra intérêt à la conversation. « Aimerais-tu réussir et avoir de meilleures notes ? » constitue une bonne question car elle nous permet une recherche d'informations pour mieux comprendre. « Avec des idées comme ça, tu ne réussiras rien dans la vie » ne tient pas compte des faits, car on n'en sait rien.

Plus nous nous entraînons à tenir un discours qui tient compte des faits, plus notre communication avec notre jeune est intéressante, plaisante et efficace.

Traiter un problème à la fois

L'expérience a démontré que, si nous traitons un seul problème à la fois, nous obtenons beaucoup plus de résultats et cela plus facilement. La plupart du temps, par habitude ou par recherche de solutions rapides, nous traitons plus d'un problème à la fois.

Prenons un exemple. L'enfant arrive en retard et cela nuit à notre horaire. Nous lui disons : « Où étais-tu ? » Ici, nous ne traitons pas des faits. En réalité, nous ne voulons pas savoir où il était, mais nous aimerions qu'il comprenne que nous attendons de lui qu'il soit à l'heure. Le jeune répond : « C'est pas de tes affaires, ça, où j'étais ! » Là, il est insolent. Mais nous avons maintenant deux problèmes à traiter : celui de l'assiduité et celui de la politesse. Lequel allons-nous aborder ?

La majorité des adultes travailleraient sur les deux problèmes à la fois. Ils prétendraient que ce n'est pas parce qu'ils veulent que leur enfant arrive à l'heure qu'il a le droit de les insulter. Je suis d'accord avec eux. Toutefois, l'expérience a démontré que, si nous traitons un seul point à la fois, nous avons toujours plus de résultats, plus facilement et plus rapidement.

Souvent on se retrouve avec plus d'un point à considérer. Nous devons alors choisir ce qui, pour nous et pour le jeune, est le plus important, et nous atteler au travail. Nous ne devons pas, si cela est possible, changer de point tant que le premier n'est pas corrigé à souhait.

Il faut faire attention pour ne pas nous laisser emporter par nos émotions.

Être direct en évitant les détours et les sous-entendus

Nous avons vu que le bruit, en communication, est l'une des choses qui nuisent le plus souvent à celle-ci. Le fait d'être le plus direct possible nous donne plus de chances d'éviter ce bruit. En plus, être direct est perçu par le jeune téflon comme de l'assurance de la part de celui qui parle et il aime cela.

Les détours, en communication, sont presque toujours perçus comme des tentatives de manipulation. Les sous-entendus ont la même réception. Il est donc souhaitable d'éviter ce genre de communication.

Être philosophe

Souvent, les enfants téflons vivent des crises existentielles entre l'âge de neuf ans et onze ans. Parfois, cela leur arrive dès l'âge de quatre ou cinq ans. Bien sûr, plusieurs jeunes, téflons ou non, posent ce genre de question sur la vie. Mais, pour l'enfant téflon, ce ne sont pas uniquement des questions passagères. Ce sont des questions fondamentales.

Un jeune de cinq ans, qui avait demandé pourquoi il vivait à son père quelques jours avant, lui déclara : « Je ne veux plus savoir pourquoi je vis. Je veux savoir pourquoi j'existe. » Pour le jeune téflon, la valeur des mots est importante et cette recherche est très profonde pour plusieurs d'entre eux.

Le jeune téflon n'exige pas des adultes qu'ils aient réponse à tout, mais, ils doivent à tout prix être transparents. Ils ne doivent pas répondre n'importe quoi dans le but de se débarrasser du jeune ou de ses questions pour éviter de réfléchir à quelque chose d'aussi fondamental.

Être philosophe, c'est accepter de discuter des choses de la vie, que nous ayons les réponses ou non. « Je ne sais pas » est souvent une réponse acceptable pour l'enfant. Mais il faut faire attention de ne pas lui répondre toujours ça. Nous avons tous une idée sur la nature de la vie. Ceux qui n'en ont pas ont intérêt, pour eux comme pour le jeune, à s'en faire une. Plusieurs parents ont peur d'aborder ces sujets. Je ne parle pas de convertir son enfant téflon à sa religion ou à ses idées. Je dis simplement qu'il est bénéfique pour lui de pouvoir discuter, en philosophe, des mystères de la vie.

Un jour, un jeune me demanda, en voyant un raton laveur dans la forêt : « À quoi ça sert, un raton ? Pourquoi a-t-il été créé ? » Je lui répondis : « Toi ? À quoi sers-tu ? » Cette réponse lui a suffi. Il a longuement réfléchi sur tout ça. Plus tard, il est revenu avec des idées à discuter et nous avons passé un après-midi formidable à échanger.

Trop souvent, les adultes ont peur de communiquer leurs idées sur la vie et la mort. À moins qu'ils ne pratiquent assidûment une forme quelconque de religion ou d'idéologie, ils répugnent à discuter de cela avec les jeunes. Plusieurs ont simplement peur de ce qu'ils vont découvrir... ou de ce qu'ils ne découvriront pas. Ils ont peur des questions laissées sans réponse. Mais c'est justement ça, faire de la philosophie. C'est poser des questions. Puis, les réponses viennent et nous entraînent à poser de nouvelles questions.

Le jeune téflon est philosophe. Il se pose des questions. Il n'a pas spécifiquement besoin de réponses à toutes ses questions, mais il a besoin de partager sa recherche. Certains le font entre eux, mais plusieurs n'ont pas assez d'amis, ou d'amis comme eux, pour pouvoir le faire. Ils se tournent donc vers les adultes.

Si nous sommes capables de tenir un discours philosophique lorsque c'est nécessaire, nous aurons une force de plus pour aider notre jeune à mordre dans la vie et dans le futur.

Utiliser un ton amical, même s'il est parfois autoritaire

Il est préférable que notre conversation soit respectueuse et amicale. L'amitié dans le respect est une bonne chose à développer entre nous et notre jeune.

Un discours amical passe toujours plus facilement qu'un discours qui ne tient pas compte des besoins d'amitié de l'enfant. Un discours amical est souvent l'inverse d'un discours autoritaire. Dans une communication amicale, nous décelons toujours de l'amour, de l'altruisme et de la patience. Lorsque notre interlocuteur emploie un discours qui n'est pas amical, nous pouvons percevoir chez lui un besoin d'avoir raison, de dominer, de diriger ou de manipuler pour satisfaire ses propres besoins. L'enfant téflon détecte toujours quelque chose qui ne lui plaît pas dans ce genre de dialogue.

Mais attention au faux discours amical ! Il ne faut pas tenter de simuler le jeu de l'amitié comme le font certaines personnes. Cela fonctionne peut-être avec quelques jeunes, mais rarement avec un enfant téflon. Rappelons-nous qu'il devient rapidement un fin psychologue et qu'il décode assez vite les gens qui sont faux.

Être transparent

Dans la majorité des cas, le jeune téflon décode les gens qui mentent ou qui jouent un rôle.

Pour avoir une bonne communication avec un enfant téflon, il est souhaitable d'être vrai. La transparence est de mise et elle garantit une relation basée sur la vérité et sur le respect mutuel.

Certains enseignants sont extrêmement sévères en classe et pourtant leurs élèves les aiment beaucoup. En revanche, d'autres instituteurs qui utilisent le même degré de sévérité sont détestés par leurs élèves. La différence? Ceux qui sont aimés sont probablement sévères par nature alors que les autres, pensant que c'est comme ça que l'on doit agir lorsqu'on enseigne, ne sont pas vrais avec eux-mêmes.

C'est la même chose pour les parents. Si nous essayons d'adopter un modèle de « bon parent », nous aurons des problèmes de relation avec notre jeune téflon. Il ne faut pas vouloir être un « bon parent » ou un « bon enseignant ». Il faut se contenter d'être soi-même. Cela passe mieux et c'est plus facile à gérer.

La transparence va encore plus loin. Elle implique que nous ne mentions plus à notre jeune et que nous ne nous mentions plus, à nous aussi. Être transparent, c'est laisser passer la lumière. C'est ne plus rien cacher à ceux que l'on aime. Cette façon de faire aide grandement à établir une bonne relation. Il faut, évidemment, éduquer notre enfant à être transparent. Sinon, avec seulement la moitié du travail fait, les choses demeurent compliquées. Mais normalement, lorsque nous commençons, il suit assez rapidement.

Ne pas poser de questions dirigées

Je me suis demandé longtemps pourquoi les jeunes téflons à qui je posais des questions me répondaient sans problèmes, et pourquoi, lorsque d'autres personnes leur en posaient, ils ne répondaient pas correctement. Parfois ils mentaient, parfois ils refusaient de répondre ou devenaient carrément impolis voire agressifs. Puis, j'ai compris que c'était le type de question que l'on posait qui faisait la différence. Je ne posais jamais de questions pièges, de questions dirigées. Pour plusieurs adultes, les questions dirigées sont des habitudes inconscientes de communication. Chaque fois, ce sont des questions pièges.

Une question dirigée est une question qui implique une réponse particulière. Il y a une différence, par exemple, entre la question « Es-tu plus heureux ou pas dans une chambre en ordre ? » et celle-ci « Ne trouves-tu pas que tu es mieux dans une chambre en ordre ? »

Dans la première question, il n'y a pas de réponse imposée. Par contre, dans la deuxième, il est assez évident que la réponse qu'attend le parent est « Oui ». Voici quelques exemples de questions dirigées :

- « Te rends-tu compte de ce que tu viens de faire ? » La réponse doit être « Oui ».
- « Trouves-tu que c'est intelligent, ce que tu viens de faire ? » La réponse doit être « Non ».
- « Ne penses-tu pas que ta mère serait plus heureuse si tu étais plus polie ? » La réponse doit être « Oui ».
- « Ne penses-tu pas que tu pourrais te forcer et avoir de meilleures notes à l'école ? » La réponse doit être « Oui ».

Imaginez l'effet si le jeune ne donne pas les réponses attendues ! Ce type de question dirigée est vraiment très dangereux avec un enfant téflon. Elle mène presque toujours à une dispute.

Pour l'enfant téflon, les questions dirigées constituent des preuves évidentes qu'on essaie de le manipuler. Alors, il se montre réfractaire. Pis encore, il répond souvent la « mauvaise » réponse, et cela irrite davantage celui qui l'interroge.

Imaginez un vendeur de casseroles qui demande au mari, en présence de sa femme : « Ne pensez-vous pas, Monsieur, que votre conjointe mérite ce qu'il y a de mieux comme ustensile de cuisine ? » C'est une question dirigée. La réponse doit être « Oui », sinon, c'est la chicane de ménage ! Mais si c'est oui, le mari devra probablement acheter ce que lui offre le vendeur.

Dans certains cas, l'enfant téflon refuse de répondre et, si on insiste, il peut se mettre en colère et devenir agressif. Une chose est certaine, s'il offre les « bonnes » réponses, celles-ci n'ont probablement aucune valeur. Alors, nous dirons par la suite qu'il nous a menti. Mais il faut l'admettre, nous l'y avons incité un peu.

Ce genre de traquenard, conscient ou non, volontaire ou non, s'entend souvent. Par exemple, le fait de demander à notre jeune « Ne me dis pas que tu étais encore chez ton ami ! Où étais-tu ? » pousse le jeune à mentir s'il était chez cet ami.

Dans notre communication, il est donc préférable d'éliminer ces questions dirigées. Avec un enfant téflon, elles ne mènent à rien, sinon à envenimer notre relation, ce que justement nous voulons éviter.

* * *

Nous venons de voir plusieurs aspects de cet outil d'intervention contextuelle. Comme je l'ai dit au début, il peut sembler énorme d'appliquer tout ça. Mais nous ne devons prendre qu'une chose à la fois et ne pas essayer de tout faire du premier coup. C'est véritablement une question d'entraînement. Lorsque nous exprimons naturellement un aspect de la communication, nous pouvons entreprendre le suivant.

Plusieurs personnes qui ont suivi des ateliers avec moi constatent rapidement que tout ça leur est très utile, non seulement avec leur jeune, mais aussi dans toutes leurs relations. C'est évident. La pédagogie ajustée à l'enfant téflon est bénéfique pour tout le monde.

Les bénéfices que vous pouvez tirer de l'application des aspects de la communication vous serviront toute votre vie. Voilà pourquoi il est intéressant d'apprendre à les appliquer.

CHAPITRE 13

La complicité

La complicité est l'une des choses importantes à établir entre le jeune et nous. Pour un enfant téflon, le fait d'avoir un complice dans le monde des adultes constitue un argument majeur pour son intégration. En plus, cela lui permet d'avoir une référence sûre en laquelle il a confiance et avec laquelle il a le goût de partager les problèmes de sa vie.

Être complice, c'est nécessairement être allié. Souvent, c'est aussi être ami, dans le respect, il va de soi. Un complice, c'est quelqu'un qui comprend l'autre et qui participe à sa vie. Ce n'est pas une personne qui punit, qui gronde et qui moralise. Surtout pas un enfant téflon. Ce genre d'éducation est toujours perçu comme une tentative de manipulation, et le jeune téflon n'y est absolument pas réceptif.

La complicité permet un tas de choses, souvent impossibles sans elle, soit :

- une meilleure communication entre l'adulte et l'enfant ;
- la création d'un lien de confiance entre eux ;
- une plus grande compréhension de part et d'autre ;
- un bon suivi de la vie de l'enfant ;
- un meilleur soutien face à ses problèmes ;
- un plus grand plaisir de vivre ensemble.

Pour établir la complicité, il se peut que nous ayons besoin de certains autres outils d'intervention contextuelle. L'« opinionisation » et la communication sont souvent d'une grande utilité.

Être complice, ce n'est pas participer activement aux mauvais côtés de la vie du jeune, au contraire. C'est participer activement, en pensée comme en actes, à ses bons moments. Toutefois, il est important de le suivre par le dialogue dans ses mauvais moments.

La base de la complicité se résume souvent comme suit : « Si le jeune à raison, quoi qu'il en coûte, je lui donne raison. » Si nous appliquons à la lettre cette phrase, alors nous sommes complices de sa vie, nous sommes son allié.

Prenons un exemple : l'enfant revient de l'école et il a une copie à faire, copie qu'il ne mérite pas. Si je suis son allié, il est évident que mon jeune n'a pas à faire ce travail. Je dois donc être d'accord avec lui et le lui faire savoir. Mais une autre question se pose : si le fait de ne pas accomplir ce travail lui amène encore plus de problèmes, alors que faire ? Il faut toujours rester son allié, et il faut toujours lui donner raison lorsqu'il a raison. Mais dans plusieurs circonstances, il faut lui expliquer les avantages qu'il y a à plier devant certaines injustices.

Le fait d'être son complice ne veut pas dire que nous résistions, tout comme lui, devant ce qui ne nous plaît pas. Cela veut uniquement dire que nous le suivons dans son raisonnement, lorsqu'il a raison. S'il faut plier, alors plions. Mais chaque fois, nous devons en discuter avec lui et arriver à un accord. En faisant cela, nous devenons alliés dans la vie.

Car il est bon que l'enfant téflon sente qu'il y a quelqu'un, dans le monde des adultes, qui lui fait confiance et qui le comprend véritablement. Chaque fois qu'il aura un problème, quelle que soit sa nature, il n'hésitera pas à venir lui en parler. C'est un immense avantage, en éducation, que d'être la référence de son jeune, car il va naturellement partager avec son complice ses bons et ses mauvais coups.

Il est important de ne pas réagir négativement lorsque le jeune téflon vient nous raconter une de ses « conneries ». Même si c'est un vol dans un magasin, par exemple, il est préférable d'en discuter sans tenter de lui faire la morale ou de le gronder. Sinon, la complicité disparaît rapidement. Nous devons écouter et échanger sur son mauvais coup. Nous pouvons aussi questionner sur le plaisir qu'il a eu à le faire, sur sa motivation, sur ce que cela lui rapporte. Ainsi, nous recueillons le plus d'informations possible afin de pouvoir, plus tard, en rediscuter de façon à modifier son comportement.

En étant complice de sa vie, nous avons une position privilégiée en tant que pédagogue, parent ou professionnel. Nous avons ainsi accès à toutes les informations utiles pour l'aider. Il faut souvent un peu d'entraînement pour parvenir à être un bon complice, mais cela en vaut la peine. Il faut surtout contrôler nos habitudes à réagir émotivement ou autoritairement devant des situations socialement inacceptables.

Être son complice offre un autre avantage pour nous, parents : notre enfant téflon devient, lui aussi, notre complice dans notre vie. Vous verrez, c'est très agréable.

Pour entretenir la complicité, il est important que l'enfant ait droit à ses opinions. Pour cela, il est utile de lui enseigner à se forger des opinions personnelles solides, à les partager et à en discuter. Doucement, nous l'amenons ainsi à apprendre à communiquer, selon les principes que nous avons vus dans le chapitre précédent. Au fur et à mesure que nous maîtrisons ces principes, nous pouvons les enseigner à notre enfant.

Pour faciliter cette communication, il est bon que nous ne soyons pas prisonnier dans un rôle déterminé. Par exemple, si nous nous confinons au rôle de parent, nous aurons plus de difficulté à établir la complicité. Car bien avant d'être un parent, un enseignant ou un psychologue, nous sommes un être humain. C'est avec cet être humain que l'enfant préférera communiquer.

CHAPITRE 14

Éviter les droits acquis

Comme je l'ai dit, l'enfant téflon est un « syndiqué ». Bien qu'il soit seul dans son syndicat, celui-ci n'en est pas moins puissant. Il faut souvent négocier ferme avec lui pour obtenir un résultat. Le problème provient de ce que le jeune a cumulé plusieurs droits acquis depuis sa naissance. Et ces droits acquis sont, parmi les éléments qui nuisent à une bonne relation, les plus dangereux. L'enfant part de ses droits acquis pour établir sa communication. Par exemple, s'il a l'habitude de fouiller dans la chambre de ses parents, il devient assez difficile de modifier son comportement. Étant donné que, selon lui, c'est un droit acquis, ses parents n'ont plus le droit de lui interdire cet accès à leur chambre.

De même dans la communication, il peut s'établir plusieurs droits acquis de part et d'autre. La façon de parler, de répondre ou de rejeter l'autre devient rapidement un droit acquis. Tout cela nuit à l'établissement du respect, base d'une bonne communication. Le parent qui fouille dans la chambre de son enfant a un droit acquis. Ce n'est pas bon. Il est préférable qu'il ait la permission du jeune pour le faire, sinon ce dernier ne se sent pas respecté.

Les droits acquis nuisent de plusieurs façons à une bonne communication, car ils attaquent le respect mutuel et nuisent au respect de soi. Ils sont la base de la majorité des conflits entre les enfants et les adultes. Si ma fille me demande cinq dollars et que je lui dis de les prendre dans mon bureau, je lui donne la permission. Alors, elle est heureuse de m'avoir comme père, pas pour les cinq dollars, mais parce que je lui donne la permission. Si, un autre jour, je lui dis non, elle sera peut-être moins heureuse de ne pas avoir satisfaction, mais le respect restera établi. Je dois avoir le droit de dire non ou oui à ses demandes. Finalement, après deux mois, chaque fois que ma fille me demande un peu d'argent, je lui dis de le prendre dans mon bureau. Un jour, elle ne me le demande plus et se sert directement, pensant que, de toute façon, je vais être d'accord. Nous assistons là à la naissance d'un droit acquis.

Que je veuille ou non lui donner cinq dollars n'a rien à voir. Ce qui est important, c'est que ma fille n'a pas la permission de prendre de l'argent sans mon accord. Ce faisant, elle outrepasse ses droits. Si je la laisse se servir comme bon lui semble, elle se révoltera la journée où je refuserai de lui verser ces cinq dollars. Le droit acquis lui donnera l'impression que je n'ai plus à les lui refuser. Elle protestera et la communication en sera ternie.

Il est souhaitable d'être alerte devant la naissance de ces droits acquis. Ils sont dangereux et ne rapportent jamais rien de bon. Si, un jour, je lui dis qu'elle peut prendre de l'argent quand elle en a besoin, si le montant ne dépasse pas cinq dollars, alors elle pourra se servir sans m'en parler. Mais ce n'est pas à elle de prendre ce genre de décision.

Il est bon de veiller à ce que personne n'ait de droits acquis, qui sont, en fait, de véritables blocs de béton faisant obstacle à toute forme de changement. Les habitudes sont ce qui génère le plus facilement ces droits acquis. Il faut rester alerte pour intervenir immédiatement, et ne pas relativiser le comportement de l'enfant dès qu'il agit sans permission de notre part, par simple répétition, c'est-à-dire par habitude.

Il n'est pas ici question de punir. Je suis contre la punition. Je dis simplement que, dès que l'on constate une répétition qui ressemble à un droit acquis, nous devons intervenir afin de modifier l'événement. Comme dans l'exemple de ma fille qui décide de ne plus me demander la permission pour prendre de l'argent. Il y a un changement, conditionné par l'habitude de se faire dire oui. Dans ce cas, il faut y voir dès que nous l'apprenons. Il ne faut pas remettre à plus tard, ou espérer que ce comportement sera passager.

Notre intervention immédiate conservera un contexte de respect qui facilitera notre relation. L'une des erreurs assez fréquentes, c'est de ne pas intervenir dans l'espoir que tout se réglera spontanément. Il est bien plus efficace d'agir doucement, avec respect, que d'attendre que les choses « se placent toutes seules ». En revanche, il ne faut pas non plus exagérer la portée des événements. Ce n'est pas parce que notre jeune agit d'une façon inopportune que toute sa vie en sera altérée. Nous devons, nous aussi, nuancer notre pensée. De cette façon, nous serons plus aptes à intervenir d'une façon efficace qui, sans frustrer le jeune, empêchera l'apparition de droits acquis.

CHAPITRE 15

Le cadre de vie

Le cadre, c'est la maison, la famille, l'école, bref, l'endroit où se vit l'éducation du jeune. Il est constitué de la matière qui l'entoure, ainsi que des règles, des besoins de chacun et des événements qui s'y déroulent.

Voici quelques éléments d'un cadre de vie adapté à la psychologie de l'enfant téflon :

- la cohérence ;
- la continuité ;
- des raisons intelligentes ;
- des raisons ajustées au jeune et pas uniquement à l'adulte ;
- une logique humaine et pas uniquement mathématique.

La cohérence

La particularité du cadre de vie la mieux adaptée à l'enfant téflon est la cohérence. En effet, plus le cadre est cohérent, plus le jeune téflon aime y vivre. Malheureusement, dans la majorité des cadres de vie, c'est plutôt l'incohérence qui domine.

Voici un exemple d'incohérence pour un enfant téflon. Vous désirez garer votre voiture en ville et il ne reste qu'une place de parcomètre de libre. Malheureusement, ce parcomètre ne fonctionne pas. Avez-vous le droit de garer votre voiture devant un parcomètre qui est brisé ? Non. Si vous n'utilisez pas cette place pour cette raison, personne ne pourra l'utiliser non plus. Si, au contraire, vous décidez de vous stationner là, personne d'autre ne pourra le faire. Dans un cas comme dans l'autre, personne ne pourra utiliser cette place de stationnement.

Pour la société, cela revient au même. Mais pour vous, cela fait toute une différence. Alors vous décidez de vous garer et vous recevez une contravention. Eh oui ! c'est comme ça que se déroule la vie dans un cadre incohérent. Bien sûr, les gens qui ont établi les règlements auront des arguments, mais l'incohérence restera.

À l'école, on répète souvent aux élèves qu'ils doivent arriver à l'heure à leurs cours. Il est important qu'ils ne manquent pas de temps scolaire, car cela nuit à leur succès. Pourtant, plusieurs établissements scolaires exigent d'un élève qui arrive trois minutes après le début du cours qu'il se procure un billet de retard au bureau de la direction, ce qui lui prend quinze minutes de plus.

Parce que nous ne pourrons pas éliminer toutes les incohérences de la société, il est bon que l'enfant téflon apprenne à naviguer dans la vie, malgré ces incohérences. Néanmoins, il est souhaitable de purger notre cadre de vie du plus grand nombre possible de facteurs incohérents.

La base de l'incohérence est souvent la contradiction. C'est elle qui tue la cohérence. Moins nous serons en contradiction avec nous-même et moins nous tolérerons la contradiction dans notre vie, plus nous serons cohérent et plus le cadre de vie sera plaisant et efficace pour l'enfant téflon.

La continuité

Pour que la cohérence demeure, il y a une règle simple : il faut qu'il y ait une continuité dans les demandes, dans les règles, dans les comportements et dans la discipline. Par exemple, il n'est pas cohérent de punir un jeune parce qu'il mange dans le salon un jour, alors que le reste du temps on ne dit rien devant ce comportement.

Des raisons intelligentes

Pour établir un bon cadre de vie, il convient de fournir des raisons intelligentes à l'enfant téflon si on veut qu'il modifie une partie de ses habitudes. Il ne faut pas oublier que ce type de jeune est très rebelle aux raisons émotives. Pour lui, chaque raison émotive est une tentative d'utiliser l'amour qu'il a pour lui-même ou pour les autres, ou l'amour qu'il devrait avoir, afin de le manipuler. En plus, il a de la difficulté à raisonner à partir de raisons émotives. Il est plus performant avec des raisons logiques, intelligentes.

Le fait de dire à un jeune d'être à l'heure parce que ça nous irrite lorsqu'il est en retard, a pour effet d'altérer la communication et sa vision du cadre. Pour lui, c'est notre problème si nous sommes irritable. Même s'il nous aime, il ne voit pas pourquoi il devrait modifier son comportement uniquement parce que nous avons un problème d'irritation. À ses yeux, c'est plutôt à nous de résoudre notre problème.

Alors, si nous voulons que notre enfant soit à l'heure, il est préférable de lui donner des raisons intelligentes. Il est bon de lui expliquer l'intelligence de pouvoir faire confiance aux autres et que, lorsque nous donnons un rendez-vous, il est plus écologique pour tout le monde d'être à l'heure.

Si tout cela ne fonctionne pas, nous pouvons utiliser un outil d'intervention ponctuelle, celui de l'expérience confrontante dirigée. Dans ce cas, nous pourrions donner rendez-vous au jeune et arriver volontairement en retard afin qu'il vive l'événement en question. Je reviendrai sur cet outil particulier.

Des raisons ajustées au jeune et pas uniquement à l'adulte

Pour construire un cadre sain pour tous, il faut un terrain commun de communication. S'il faut des raisons intelligentes, il faut aussi qu'elles soient ajustées à la compréhension du jeune. Pour ce faire, il est bon de discuter avec lui, en l'amenant à construire lui-même ces raisons. L'un des outils à utiliser, nous le verrons plus loin, est celui du but.

Une logique humaine et pas uniquement mathématique

Il existe plusieurs sortes de logique, mais je me limiterai ici à la logique humaine et à la logique mathématique.

La première tient compte des facteurs humains. La deuxième ne tient pas compte de la nature humaine. Par exemple, si j'ai un clou à planter et qu'il n'entre pas, la logique mathématique me dit de frapper plus fort, ou plus longtemps. Si j'applique cela à l'éducation, je penserai que, si mon enfant ne comprend pas une chose, il me suffit de la lui faire entrer dans la tête plus fort ou plus souvent.

Mais la logique humaine, celle qui dirige le plus souvent l'humain dans sa vie, rend ce traitement souvent inefficace. Si je dis à mon garçon d'entrer à la maison au plus tard à 21 h, je m'attends, en logique mathématique, que dès qu'il verra qu'il est en retard il accourra. De même, je penserai que, plus il est en retard, plus il se sentira coupable. C'est une question d'addition, comme pour le clou.

Mais la logique humaine dominant l'humain, lorsque mon gamin découvrira qu'il est en retard, il peut très bien se dire: « Je suis en retard et je vais être puni. Tant qu'à être puni, je n'en suis pas à dix minutes près! » Et il continuera de jouer encore un peu.

L'une des forces de l'enfant téflon, si on peut appeler cela ainsi, c'est sa capacité de passer de la logique humaine à celle qui est mathématique, ou le contraire, de façon volontaire et facile. Pour pouvoir communiquer efficacement, il faut être au même niveau de logique. Si nous sommes en logique humaine et lui en logique mathématique, ou vice versa, notre conversation sera assez pénible.

Quand l'enfant téflon refuse la communication, il est fréquent qu'il le démontre uniquement en passant d'une logique à l'autre. Normalement, dans ce cas, si nous l'abordons en logique humaine, il répondra en logique mathématique. Si nous l'abordons en logique mathématique, il passera en logique humaine.

Un jour, je demandai à un jeune, qui venait de déclarer à une serveuse qu'elle avait un grand nez, à quoi cela lui servait de dire des choses pareilles aux gens. Ma logique était humaine. Parce qu'il ne voulait pas en parler, il me répondit en logique mathématique: « Bien, c'est vrai qu'elle a un grand nez! »

Si j'avais poursuivi la conversation en logique humaine, nous n'aurions pu nous comprendre. Il aurait argumenté continuellement en utilisant l'autre logique. J'ai utilisé la logique mathématique, comme lui, et je lui ai demandé: « Qu'est-ce qui te garantit que la serveuse n'a pas craché dix fois dans ta salade, après que tu lui as dit cela? » Il a réfléchi en faisant quelques grimaces et, par la suite, son comportement s'est amélioré.

Il est préférable, dans une relation humaine, d'utiliser la logique humaine, mais quelquefois, la logique mathématique peut donner de bons résultats. Comme le jeune téflon peut passer d'une logique à l'autre de façon assez aisée, et il le fait souvent s'il veut jouer avec nous ou s'il refuse la communication, il est souhaitable de pouvoir communiquer des deux façons.

CHAPITRE 16

La rétroaction et la réciprocité

J'ai déjà parlé du bruit en communication. Ce bruit peut revêtir plusieurs formes dont l'une d'elles est de ne pas être compris ou de ne pas comprendre ce que l'autre nous dit. Pour éviter cela, il est bon d'utiliser la rétroaction.

La rétroaction est une réponse à ce que nous faisons. Elle nous indique si nous devons poursuivre dans le même sens ou corriger notre tir. Pour maintenir un cadre de vie intéressant, elle est un outil d'intervention contextuelle fort utile. Elle est aussi très efficace pour optimiser la communication entre deux personnes quelles qu'elles soient.

Nous faisons tous de la rétroaction, ne serait-ce que par nos réactions physiques, notre façon de bouger. Mais en pédagogie, elle est souvent trop rare et trop espacée. Pour bien comprendre ce qu'elle est, prenons un exemple.

Lorsque nous avons soif et qu'il y a un verre d'eau sur la table, tout ce que nous avons à faire c'est de prendre ce verre et de le porter à nos lèvres. C'est simple. Mais pour que nous puissions faire cela, il faut que notre cerveau reçoive un message, la rétroaction, et ce, à la fraction de seconde près. Voici ce qui se passe. Premièrement, nous regardons le verre. Puis, nous avançons la main dans sa direction. Notre cerveau continue à regarder et constate le mouvement. Cette constatation est possible parce qu'il y a rétroaction. La main approche encore et le cerveau corrige le tir au besoin. Il donne l'ordre à la main de s'ouvrir et compare l'espace ainsi créé et la largeur du verre. Il sait donc s'il doit écarter la main davantage ou non. Tout le processus est permis rapidement grâce à la rétroaction.

Imaginons maintenant le même geste sans rétroaction. Nous avons soif et nous voyons le verre sur la table. Nous fermons les yeux et, sans rétroaction, nous devons attraper le verre et le porter à nos lèvres. Plus nous serons loin de la table, plus il nous sera difficile de réussir à boire. La rétroaction nous permettait de faire le même geste de façon anodine, mais sans celle-ci, tout devient beaucoup plus compliqué.

Imaginons-nous maintenant assis près de notre conjoint ou de notre conjointe. Dans un geste de tendresse, nous plaçons notre main sur la sienne. Après quelques secondes, il n'y a toujours pas de réaction de sa part. Nous ne pouvons pas savoir avec certitude si notre geste est apprécié ou s'il dérange. En revanche, s'il y a rétroaction de la part de l'autre personne, si elle réagit à notre action, tout est différent. Par exemple, si elle met son autre main sur la mienne, je sais que tout est parfait. La rétroaction me permet de poursuivre ou de corriger mon tir.

En communication, il est important de savoir au fur et à mesure de la discussion si tout va ou non. L'enfant me comprend-il? me suit-il? m'écoute-t-il? Quatre éléments sont essentiels pour que la rétroaction soit bien établie:

1a) J'essaie de trouver des signes me permettant de décoder si ce que je fais et dis est bien accepté. Je dois donc m'occuper moi-même de la rétroaction dont j'ai besoin pour pouvoir modifier mon tir s'il y a lieu.

1b) J'essaie de donner de la rétroaction à mon enfant, afin qu'il n'ait pas de difficulté à savoir que je le suis et que je le comprends.

2a) J'enseigne à mon jeune à me faire de la rétroaction afin de me faciliter la tâche.

2b) J'enseigne à mon enfant à rechercher des éléments dans ma communication qui peuvent lui servir de rétroaction afin qu'il puisse, à son tour, corriger son tir.

J'ai numéroté les quatre éléments 1a et 1b, puis 2a et 2b parce qu'il est souhaitable de travailler les deux premiers avant d'entreprendre les deux autres. Mais il faut y aller doucement. Pour commencer, entraînons-nous à rechercher les signes de rétroaction et à en donner à notre enfant. Pour avoir de la rétroaction, nous pouvons observer son comportement au fur et à mesure que nous parlons, mais nous pouvons aussi l'interroger. Nous pouvons lui poser des questions sur ce que nous disons ou lui demander de nous dire, dans ses mots, ce qu'il pense ou ce qu'il a compris de nos paroles. C'est une bonne façon de l'amener à apprendre à faire de la rétroaction.

Comme c'est un outil d'intervention contextuelle, nous devons essayer de faire de la rétroaction continuellement. C'est facile. Il suffit souvent d'un simple sourire, d'un toucher, d'un signe de la tête ou d'un mot pour exprimer que l'on comprend ce que l'enfant nous communique.

La réciprocité est la suite de cet outil. Il est bon que nous disions à notre jeune que nous l'aimons, qu'il est beau, gentil, par exemple, mais c'est encore mieux si lui aussi peut nous le dire. C'est bien si je vais le voir lorsque je pense qu'il a un problème, mais c'est mieux s'il est capable, lui aussi, de venir vers moi lorsqu'il a besoin d'aide. C'est de la réciprocité. Lorsque j'ai le goût ou le besoin de me rapprocher de lui, je le fais. Mais c'est encore mieux, dans notre relation, s'il apprend à faire de même. C'est de la réciprocité.

La réciprocité implique que ce n'est pas toujours moi qui dois faire les premiers pas. Lui aussi peut le faire. C'est une très bonne éducation pour lui d'apprendre à bouger et de ne pas toujours dépendre des autres.

Si possible, l'enfant ne doit pas toujours attendre qu'on lui demande s'il aime telle chose ou telle situation. Habituellement, s'il ne l'apprécie pas, il n'attend pas pour le dire, mais dans le cas contraire, ses paroles d'appréciation sont plus rares. La réciprocité lui servira donc autant qu'à moi. Plus il l'utilisera, plus il s'« auto-instruira » qu'il est bien et heureux.

La rétroaction et la réciprocité permettent en fait de raffiner les échanges que nous avons quotidiennement et nous donnent la possibilité de corriger ceux-ci au fur et à mesure de leur déroulement et non pas uniquement lorsqu'il est trop tard.

Les parties 2a et 2b sont une démarche d'éducation. Il faut en effet amener progressivement notre jeune à nous faire de la rétroaction. Par exemple, lorsque nous lui parlons, il faut qu'il apprenne à nous guider et à confirmer qu'il comprend ce que nous lui disons. Au début, c'est nous qui devons faire le travail, c'est-à-dire que nous devons lui demander s'il comprend. Nous devons au fur et à mesure lui expliquer que, pour nous comme pour lui, il a avantage à diriger un peu la conversation.

Il faut aussi lui montrer à reconnaître les éléments de ma rétroaction : lorsque je fronce les sourcils, lorsque je le suis avec un signe de tête approbateur, lorsque je lui coupe la parole. Il est souhaitable d'enseigner à notre enfant à reconnaître les éléments dans ma communication qui peuvent servir de rétroaction. Cela l'aidera à corriger ce qu'il dit et à s'assurer que je comprends bien ce qu'il me communique.

CHAPITRE 17

Se connaître soi-même

Dans le but de constituer un contexte de vie agréable et efficace, il convient de se connaître soi-même le mieux possible. Bien sûr, on pourrait écrire un livre complet uniquement sur ce sujet ; toutefois, je me limiterai ici à un résumé en ne traitant que les points qui me semblent les plus importants.

Nous sommes, pour la majorité, trois personnes :

1. ce que nous croyons être ;
2. ce que les autres croient que nous sommes ;
3. ce que nous sommes réellement.

Les deux premières expressions font partie de la personnalité. La troisième est notre identité véritable, notre « je suis ». La majorité d'entre nous, jeunes compris, privilégient le raffinement de leur personnalité, au détriment de leur identité. C'est pourquoi toute recherche ayant pour but de se connaître mieux doit porter sur cette dernière. Un manque dans le processus d'identification pendant les premières années de la vie du jeune l'amène souvent à vivre une crise de l'adolescence assez compliquée. S'il avait pu reconnaître et apprécier véritablement qui il est, il se heurterait à beaucoup moins de problèmes durant cette période.

La personnalité, c'est ce que nous croyons être et c'est ce que les autres croient que nous sommes. Une relation basée là-dessus ne peut mener qu'à des conflits, à des attentes et à des désillusions. Si nous disons à notre jeune : « Comme tu es beau quand tu mets ce chandail ! », nous lui communiquons qu'il n'est pas beau de par sa nature, mais seulement quand il met certains vêtements. Alors, en sélectionnant ses vêtements, il croit qu'il change et devient quelqu'un, il devient beau. Ce style de pédagogie valorise l'extérieur. Il nourrit le besoin de personnalité. Si au contraire nous lui disons : « Que ce chandail est beau quand tu le portes ! », nous indiquons au jeune que c'est lui, véritablement lui, qui transforme les choses et qui les embellit. Nous nourrissons ainsi son identité et non pas sa personnalité.

De même, si nous disons à notre enfant : « Que je t'aime lorsque tu as de bonnes notes à l'école ! », nous entretenons la personnalité. Le jeune apprend alors que nous l'aimons en fonction de ce qu'il fait, et non pas de ce qu'il est. Si au contraire nous lui disons : « Que je suis fier quand tu as de bonnes notes. Tu sais, je ne t'aime pas plus pour ça. Je t'aime déjà au maximum de mon amour, mais ça me fait plaisir quand je vois que tu réussis ! », nous faisons grandir son identité et nous l'aidons ainsi à se connaître davantage.

Plus l'enfant s'exprime avec une personnalité de surface, plus c'est difficile de faire affaire avec lui. Quand le jeune communique à travers sa personnalité, ce n'est pas avec lui que nous échangeons, mais avec une simulation de lui et de plusieurs autres choses. Il ne faut pas essayer, de façon ponctuelle, de l'amener à reconnaître qui il est. Il est souhaitable que cette démarche de reconnaissance devienne permanente.

Pour aider le jeune à se connaître, il est bon de faire un bout de chemin nous aussi, car il est essentiel de pouvoir faire nous-mêmes ce que nous lui demandons. Ainsi, tous les deux, nous apprendrons à nous aimer d'une façon plus plaisante et à mieux nous connaître.

Évidemment, il est plus aisé de faire ce travail à partir de la naissance du jeune. Comme la majorité des gens qui liront ce livre ont déjà un jeune plus âgé, j'ai prévu un outil qui les aidera probablement à faire en sorte que leur enfant apprenne à se connaître. Nous verrons cet outil, qui s'appelle la « centrisation », dans la troisième partie de ce livre.

Pour aider le jeune à se connaître, il faut, au départ, le connaître nous-mêmes. Nous devons donc faire attention de ne pas croire qu'il est la personnalité qu'il exprime. La personnalité n'est qu'un jeu ; elle sert de bouclier.

Dresser la liste des qualités de notre enfant nous permet d'en savoir davantage sur son identité. Ses qualités, ses forces, ses possibilités et ses atouts, tout cela fait partie de ce qu'il est. Ensuite nous pouvons dresser la liste de ses faiblesses et de ses manques.

Une fois ce travail accompli, il nous faut choisir un moment pour faire découvrir tout ça à notre enfant. Il y a plusieurs moyens de le faire, mais il faut chaque fois choisir le bon moment. Par exemple, nous pouvons demander au jeune de nous dire quels sont, selon lui, ses points forts, ses qualités. Autrement dit, sans rendre la tâche trop officielle, nous lui demandons de faire le travail que nous venons de faire.

Chaque fois que j'ai fait cela, l'enfant n'a eu aucune peine à me citer des faiblesses, mais il a eu beaucoup de difficulté en ce qui concernait ses qualités. C'est là une preuve que les jeunes ne se connaissent pas bien. Il ne faut pas uniquement amener l'enfant à citer ses qualités ; il faut s'assurer qu'il y croit et qu'il les intègre. Il doit parvenir à changer la représentation qu'il se fait de lui-même.

Pour l'aider davantage, il ne faut pas hésiter à « faire de la psychologie » avec lui. C'est d'ailleurs l'un des outils ponctuels les plus performants à utiliser. Faire de la psychologie ne veut pas dire le « psychologiser ». Cela veut dire lui expliquer comment est construit l'être humain, lui donner des cours de psychologie, en quelque sorte. Bien sûr, je sais que la majorité des parents ne sont pas psychologues, mais la question n'est pas là. Ce qu'il faut, c'est essayer de discuter de notre vision de la psychologie humaine. Pour ce faire, nous pouvons lire quelques ouvrages vulgarisés dans ce domaine ; les bibliothèques et les librairies en regorgent.

Faire de la psychologie, c'est en fait lui expliquer ce que nous savons de l'être humain. Mais comme la psychologie n'explique pas tout, il nous arrive souvent de glisser dans le domaine de la philosophie. Et c'est très intéressant pour l'enfant téflon de pouvoir philosopher avec un adulte. Comme plusieurs jeunes téflons vivent une crise existentielle en bas âge, il est souhaitable d'apprendre à communiquer notre philosophie de la vie. Il ne s'agit pas de le convertir à notre religion ou à nos idées, mais de discuter avec lui des choses de la vie.

Plusieurs personnes hésitent à discuter philosophie parce qu'elles ont peur d'avoir à se remettre en question. C'est ce qui arrive fréquemment dans une discussion avec un jeune téflon. Mais nous apprenons vite qu'il est agréable de faire quelques remises en question. Et puis, philosopher ne veut pas dire avoir réponse à tout. Cela veut simplement dire que nous échangeons nos points de vue sur la vie, que nous nous questionnons et que nous essayons d'élaborer des réponses qui peuvent nous satisfaire.

Nous pouvons lire certains ouvrages, nous pouvons échanger avec d'autres personnes, mais devenir philosophe est une chose qui s'apprend surtout en parlant. Plus nous discuterons, plus vite nous deviendrons à l'aise dans de tels discours et, rapidement, nous finirons par y prendre goût.

CHAPITRE 18

L'établissement d'un but

J'ai déjà traité de ce qu'était un système et de l'importance de la relation dynamique qui devait exister entre ses différents éléments. Eh bien, le but commun est le ciment le plus fort pour engendrer, alimenter et maintenir une telle relation.

Pour tout être humain, avoir un objectif dans la vie est quelque chose de fort important. Mais habituellement, l'enfant n'a pas conscience de son ou de ses buts. Plusieurs pensent même ne pas en avoir ; d'autres confondent but et moyen.

Cet outil d'intervention ponctuelle a justement pour fonction d'aider le jeune téflon à reconnaître son but. Chaque fois que cet outil a été utilisé, il a donné les résultats attendus.

La plupart des gens cherchent leur but. Je crois qu'ils en ont tous déjà un, mais qu'ils ne savent pas le reconnaître. Il en est de même pour l'enfant téflon. Il ne s'agit pas nécessairement de l'aider à trouver un but dans la vie, mais plutôt de l'aider à le reconnaître et à le séparer des moyens utilisés pour l'atteindre.

Un jour, en parlant avec un jeune contrevenant, j'appris que son but dans la vie était d'être chef de bande ou de gang, comme on dit. J'étais toutefois certain que c'était là un moyen et non pas un but, et que l'adolescent confondait ces deux notions. Je lui demandai simplement : « Si le fait de devenir chef de bande te rend très malheureux, voudras-tu toujours être chef de bande ? » Il me répondit que non en me faisant une grimace, manifestant ainsi qu'il n'était pas fou. Après ces quelques paroles seulement, je savais déjà trois choses :

1. Son but n'était pas d'être chef de bande.
2. Son but était d'être heureux.
3. Il avait confondu le moyen (être chef de bande) avec le but (être heureux).

Il était logique que le jeune s'évertuât à être chef de bande, car pour lui, c'était le but de sa vie. Même si cela le rendait malheureux, l'amenait à être blessé physiquement lors de bagarres et le conduisait quelquefois en prison, il ne lâchait pas. C'était sa raison de vivre. Mais tout cela était faux. Le jeune l'ignorait, tout simplement. Alors, j'entrepris de lui poser ce que j'appelle « les quatre questions fondamentales » :

1. Plus tard, veux-tu être pauvre ?
2. Plus tard, veux-tu vivre malade ?
3. Plus tard, veux-tu être malheureux ?
4. Plus tard, veux-tu vivre seul, oublié dans un coin ?

Ces quatre questions, d'une puissance souvent insoupçonnée, m'ont permis maintes fois de rejoindre les plus coriaces des jeunes droit dans leur nature et dans leurs vraies valeurs. J'ai constaté depuis longtemps que, si les jeunes ne savent pas ce qu'ils veulent, ils savent fortement ce qu'ils ne veulent pas. Par exemple, poser la question « Plus tard, veux-tu être riche ? » ne donne absolument pas les mêmes résultats. Plusieurs jeunes affirmeront qu'ils n'ont rien à faire de l'argent. En revanche, si on leur demande s'ils veulent être pauvres, alors tout change, ils disent non sans hésiter.

Aux quatre questions, le jeune contrevenant me répondit « Non ». Alors, une bonne discussion s'engagea. Lentement, l'adolescent prit conscience que, en fait, son but dans la vie était d'être heureux. Je lui expliquai alors qu'il y avait des milliers de moyens pour atteindre ce but. Lui, il en avait choisi un, celui d'être chef de bande.

Donc, le jeune savait qu'il voulait être heureux. Il avait pris conscience de ce qu'était un moyen pour y arriver et il avait vu le danger de mélanger but et moyen. Le dialogue était ouvert aux solutions. Maintenant qu'il voulait changer, il me fallait lui donner un outil pour l'aider à prendre des décisions.

Certaines personnes sont assez habiles pour faire des choix, mais la majorité des gens n'aiment pas être confrontés à des prises de décision. Habituellement, pour prendre une décision, pour décider entre deux solutions, nous comparons la première à la seconde et nous essayons d'évaluer les bons et les mauvais côtés des deux possibilités. Cette stratégie de prise de décision est rarement efficace. En voici une que je suggère fortement d'adopter et d'enseigner au jeune. Cela lui facilitera grandement la vie. Au lieu de comparer les possibilités A et B, il convient de prendre seulement un des choix à la fois et de se poser cette question : « Est-ce que la possibilité A me permet de me rapprocher plus vite de mon but ? »

Je posai donc la question au jeune chef de bande : « Maintenant que tu sais que ton but c'est d'être heureux, crois-tu que tu peux te rapprocher plus vite de ce but en restant avec cette bande et en continuant à vivre comme tu le fais actuellement ? » La réponse a été immédiate : « Non, absolument pas ! »

Il est important de comprendre que, tant que le jeune téflon n'a pas reconnu son but fondamental, il peut difficilement se mettre en mode « résolution de problèmes ». Dès qu'il a un but, il fonce et veut l'atteindre. Il est alors prêt à faire des efforts et à travailler pour cela. Il est motivé, car il voit plus clairement devant lui.

On peut aussi utiliser l'échelle des nuances pour vérifier différents choix. « Sur une échelle de 0 à 10,

0 m'éloignant de mon but et 10 m'en rapprochant, le choix A me permet-il de me rapprocher de mon but ? » Puis, en ne faisant aucune référence au choix A, on repose la question. « En choisissant le choix B, est-ce que je me rapproche plus vite de mon but ? » Une fois tous les choix évalués, on choisit celui qui a la note la plus élevée. Cette méthode est aussi simple qu'efficace. Elle donne d'extraordinaires résultats et permet au jeune de faciliter ses prises de décision, tout en l'amenant plus près de son objectif.

Il est très utile de s'entraîner à utiliser cet outil. Plus nous l'utiliserons et plus nous pourrons aider le jeune à faire de même. Cela facilitera beaucoup notre vie ensemble.

Tableaux des outils d'intervention contextuelle

LE RESPECT

AFFIRMATION : Je me respecte, je le respecte, il se respecte.

1. Pour me faire respecter, je dois me respecter moi-même.
   1.1 Personne ne peut me grimper sur le dos.
   1.2 Je ne grimpe sur le dos de personne.

2. Il doit se respecter. (**outil : « centrisation »**)
   2.1 Il doit être à la hauteur de ce qu'il est.
   2.2 Il doit être cohérent.
   2.3 Il doit s'aimer.

L'« OPINIONISATION »

AFFIRMATION : J'ai des opinions. Il a des opinions.

1. Je dois avoir des idées personnelles et non pas des idées collectives.
   1.1 Je peux les expliquer clairement.
   1.2 Mes opinions sont exprimées dans ma vie.
   1.3 Mes opinions sont réalistes pour moi. (Je peux assumer mes opinions sans problème.)

2. Il doit avoir des idées personnelles et non pas des idées collectives.
   2.1 Il peut les expliquer clairement.
   2.2 Ses opinions sont exprimées dans sa vie.
   2.3 Ses opinions sont réalistes pour lui. (Il peut assumer ses opinions sans problème.)

LA COMMUNICATION

AFFIRMATION : J'applique les lois de la communication. Il applique les lois de la communication.

1. Le discours est logique, sans émotions.

2. Le discours le surprend. Il n'est pas moralisateur ni habituel.

3. Il ne faut pas le culpabiliser.

4. Changer son comportement ou faire des efforts doit lui rapporter quelque chose.

5. Le discours doit tenir compte des vrais problèmes.

6. Le discours doit être clair et précis.
   6.1 Je traite des faits.
   6.2 Je traite un problème à la fois.
   6.3 Je suis direct.

7. Je suis souvent philosophe.

8. Le discours est amical, même s'il est parfois autoritaire. (**outil : « centrisation »**)

9. Je suis transparent. (**outil : « opinionisation »**)

LA COMPLICITÉ

AFFIRMATION : Nous sommes complices. Nous sommes alliés.

1. Le jeune doit avoir droit à ses opinions.
   1.1 Il a des opinions personnelles. (**outil : « opinionisation »**)
   1.2 Il sait communiquer. (**outil : communication**)

2. Il a le droit de dire ses opinions.

3. Il doit pouvoir partager des opinions.

4. Il faut que l'intervenant soit naturel et transparent. Il ne doit pas se limiter à son rôle (parent, enseignant, psychologue, etc.).

5. Le jeune doit avoir un allié dans le monde des adultes.

6. Il faut lui donner raison lorsqu'il a raison.

LES DROITS ACQUIS

AFFIRMATION : Je n'ai pas de droits acquis. Il n'a pas de droits acquis.

1. Il faut empêcher les droits acquis, chez le jeune comme chez l'adulte.
   1.1 Il faut faire attention à l'habitude, cela nuit souvent au maintien du respect.
   1.2 Il faut intervenir immédiatement.

2. Il ne faut pas banaliser les événements problématiques : manque de respect, violence, refus de communiquer, etc.
   2.1 Il ne faut pas espérer que tout se placera tout seul.
   2.2 Il ne faut pas exagérer la portée des événements.

LE CADRE

AFFIRMATION : Le cadre est cohérent, juste et intelligent.

1. Il faut un cadre cohérent.
   1.1 Il y a le moins possible de contradictions.
   1.2 Il y a une continuité dans les demandes, dans la discipline, etc.

2. Il faut lui donner des raisons intelligentes.
   2.1 Il faut faire attention aux raisons émotives.
   2.2 Les raisons doivent être ajustées au jeune et non uniquement à l'adulte.

3. Il faut être logique.
   3.1 Selon la logique mathématique.
   3.2 Selon la logique humaine.

LA RÉTROACTION, LA RÉCIPROCITÉ

AFFIRMATION : La rétroaction est possible. Il y a réciprocité.

1. Je sais communiquer.
   1.1 Attention au bruit.
   1.2 Je dois savoir s'il a reçu mon message.
      1.2.1 Je décode ses gestes.
      1.2.2 Il est capable de reformuler ce que j'ai dit.

2. Il doit communiquer.
   2.1 Attention au bruit.
   2.2 Il doit savoir si son message a été reçu.
      2.2.1 Je décode et reformule ce qu'il a dit.

3. Il y a réciprocité.
   3.1 Je peux entamer une conversation.
   3.2 Il peut entamer une conversation.
   3.3 Je peux me rapprocher.
   3.4 Il peut se rapprocher.
   3.5 Je peux lui communiquer mes sentiments.
   3.6 Il peut me communiquer ses sentiments.

SE CONNAÎTRE SOI-MÊME

AFFIRMATION : Je me connais, il se connaît.

1. Travailler l'identité et non la personnalité.
   1.1 L'aider à accepter qui il est.
   1.2 Il ne faut pas faire affaire avec une personnalité de surface.

2. Lui expliquer qui il est. (**outil : « centrisation »**)
   2.1 Lui faire découvrir ses qualités.
   2.2 Lui faire découvrir ses défauts.

3. Discuter psychologie.

4. Discuter philosophie.

LE BUT

AFFIRMATION : Nous avons un but commun.

1. Il faut souvent poser les quatre questions fondamentales.
   1.1 Plus tard, veux-tu être pauvre ?
   1.2 Plus tard, veux-tu vivre malade ?
   1.3 Plus tard, veux-tu vivre malheureux ?
   1.4 Plus tard, veux-tu vivre seul, oublié de tous ?

2. Toujours placer le but dans la balance des décicions.
   2.1 Ce choix me permettra-t-il d'atteindre mon but plus rapidement ?

TROISIÈME PARTIE

Des outils d'intervention ponctuelle

Les outils d'intervention ponctuelle sont de solides alliés lorsque, dans certains cas, les outils d'intervention contextuelle ne sont pas suffisants. Ils peuvent aussi servir dans l'établissement d'un cadre contextuel.

L'outil d'intervention ponctuelle est normalement utilisé dans des cas « locaux », c'est-à-dire pour résoudre un problème qui ne se répète pas souvent, ou qui, une fois réglé, ne reviendra pas.

En pédagogie, on a tendance à intervenir trop ponctuellement plutôt que de manière contextuelle. Ce n'est pas très efficace. Par exemple, si nous punissons un enfant parce qu'il arrive souvent en retard à l'école, nous intervenons de façon ponctuelle. Dans le cas d'un enfant téflon, il y a de fortes possibilités pour que cela ne donne pas de résultats positifs. Une intervention contextuelle, par exemple rendre l'école plus intéressante, serait plus efficace.

Chaque fois que nous agissons sur le contexte, nous faisons disparaître une série de problèmes que nous aurions à traiter ponctuellement. Donc, avant d'utiliser un outil ponctuel, il est souhaitable de se servir d'un outil contextuel. Cela facilite beaucoup le travail et rend chacun plus heureux.

Le piège, c'est que l'outil ponctuel semble donner des résultats plus rapidement. Il nous permet d'intervenir immédiatement et semble corriger vite le comportement du jeune. Mais en fait, il faudra répéter son utilisation de nombreuses fois, parce que, dans le fond, rien n'est véritablement changé. Et plus nous utilisons le même outil ponctuel, moins il fonctionne.

Prenons l'exemple d'un enfant qui est impoli. Que faisons-nous ? Nous réprimandons l'enfant, nous le punissons... ou nous le laissons faire parfois. Tout ça est ponctuel. Avec un jeune téflon, cette attitude n'aura aucun résultat valable. Il faut utiliser une intervention contextuelle. L'impolitesse est une expression de quelque chose. Peut-être un malaise, peut-être une peur, peut-être un besoin. Il est bon de chercher sous les expressions de notre enfant afin de découvrir les causes. Les outils d'intervention contextuelle facilitent grandement cette recherche et la résolution des problèmes.

Parmi les outils d'intervention ponctuelle, nous verrons ceux-ci :

- la « centrisation » ;
- l'expérience confrontante dirigée ;
- la différence de potentiel ;
- la détermination du terrain.

Normalement, ces outils ne sont utilisés qu'une seule fois ou de façon très ponctuelle. Il ne faut donc pas prendre l'habitude de s'en servir fréquemment. Cela aurait comme inconvénient de les user aux yeux de l'enfant et de diminuer leur efficacité.

Dans certains cas, on peut utiliser plusieurs outils simultanément, les uns renforçant les autres. Dans d'autres situations, il convient de les employer l'un à la suite de l'autre. Certains peuvent nous aider à appliquer des outils contextuels.

Il est à noter que vous trouverez à la fin de cette section une série de tableaux qui résument les outils d'intervention ponctuelle.

CHAPITRE 19

La « centrisation »

Il arrive parfois que nous soyons pris avec un enfant un peu « bizarre ». Le jeune téflon, pour ne pas écouter, pour ne pas s'intégrer ou tout simplement pour protester, peut devenir un enfant « vide », ou adopter une autre identité que la sienne. De temps en temps, il se peut même qu'il « ne soit plus vraiment tout à fait là », même si son corps y est. Il peut arriver aussi, sans trop que l'on puisse expliquer pourquoi, que l'enfant change radicalement. Pour ceux et celles qui n'ont jamais vécu de tels événements, cela semble assez surprenant, mais en fait ce n'est pas si rare.

D'autres raisons peuvent motiver cette absence ou ce changement d'identité. Entre autres, nous avons vu que, s'il refuse de s'intégrer, l'enfant téflon peut refuser de penser. À certains moments, il peut également refuser de s'accepter, et s'abaisser, se dévaloriser, se rejeter. Certains vont même jusqu'à simuler l'aliénation mentale pour avoir la paix.

Dans tous ces cas, la « centrisation » peut aider. Ce que j'appelle « centrisation », c'est l'art de centrer une personne dans son intelligence. C'est faire en sorte que l'enfant que nous connaissons, le « vrai » enfant, soit là, avec nous.

Si nous punissons un jeune téflon, il se peut fortement que, comme stratégie de défense, il disparaisse de son corps, un peu comme un zombi. Je ne dis pas qu'il va faire un tour au parc du coin, seulement qu'il n'est plus là. Que nous l'engueulions ou le punissions n'a absolument aucun effet sur lui, puisqu'il est « absent ».

Voici un exemple qui illustre comment utiliser cet outil d'intervention. Un garçon de dix ans campait avec son père et moi. Nous étions une trentaine de personnes au total, et la plupart d'entre nous se réunissaient dans la forêt une fois par mois. Au début, le gamin était assez asocial et ne parlait à personne, sauf pour dire des stupidités. Par exemple, quand quelqu'un lui demandait « Comment ça va ? », il répondait « Ça va par là ». La troisième fois qu'il est venu camper avec nous, je commençai à avoir une bonne idée de qui il était. C'était un garçon très intelligent, mais il se rejetait lui-même et préférait agir en imbécile. Notre relation commençait à s'améliorer et j'ai décidé de tenter une « centrisation ».

Pour préparer le terrain, j'utilisai l'échelle des nuances afin de me donner des arguments qu'il ne pourrait pas réfuter et pour vérifier ce que j'avais décodé. Je lui demandai : « Selon toi, sur une échelle de 0 à 10, tu es intelligent comment ? » Après réflexion, il me donna un 3. Puis j'ajoutai : « Moi, sur une échelle de 0 à 10, je suis intelligent comment ? » Il me donna un 10. J'avais là les éléments nécessaires pour le centrer. En utilisant une voix énergique, simulant la colère, je lui demandai comment il se faisait, alors, si j'étais si intelligent, que j'aimais me tenir avec un imbécile comme lui ? Je lui dis qu'il devait trancher : ou bien nous étions deux imbéciles, ou bien nous étions tous les deux des personnes intelligentes.

Le discours a duré quelques minutes, mais lorsque j'eus fini, il était certain qu'il était intelligent et que je le savais. Depuis ce temps (aujourd'hui il a quinze ans), il se comporte toujours en garçon intelligent et il a complètement abandonné son identité de personne plus ou moins imbécile.

Prenons un autre exemple. Je campais encore avec des amis. Parmi ceux-ci, il y avait quelques jeunes de sept à douze ans. J'avais particulièrement de l'affection pour l'un d'entre eux, et il me le rendait bien. C'était un jeune calme, poli, intelligent, intéressant, et qui se contrôlait. Pourtant, ce jour-là, il n'était plus lui-même. Il dérangeait sans cesse, nuisait au jeu des plus jeunes et passait son temps à faire des stupidités. J'avais beau lui demander d'arrêter, rien à faire. Habituellement, il était facile de converser avec lui, mais ce jour-là, la communication était incohérente. Il ne semblait pas comprendre les problèmes qu'il causait.

En désespoir de cause, je décidai de l'aider à se centrer. Comme il était un jeune assez sensible, même s'il était téflon, j'appliquai cet outil de façon détournée. Au lieu de lui parler directement, j'ai parlé à un autre adulte, assis en face de moi. Je lui ai dit, avec une énergie simulant la colère, que je ne voulais plus qu'on amène de jeunes lors des prochains camps. J'ai poursuivi cette discussion à peine une minute. Je disais, à haute voix, que nous ne nous reposions plus et que nous en étions rendus à faire de la discipline. À un moment donné, j'ai senti le jeune, à ma droite, qui bougeait un peu. Je l'ai regardé et j'ai vu qu'il pleurait. Alors, avec la même énergie, je lui ai dit : « Toi, tu peux venir quand tu veux. C'est un autre jeune que je ne veux plus voir ! » Aussitôt, il s'est collé sur moi et m'a serré fortement. Je lui ai évidemment rendu la pareille, rétroaction-réciprocité oblige. Tout le reste de l'été, il est demeuré le jeune que j'avais connu deux ans auparavant. Je l'avais aidé à se centrer et à se retrouver. Il était lui-même et, enfin, nous pouvions communiquer.

Pour aider un jeune à se centrer, il y a deux façons de communiquer. L'une est douce ; l'autre, plus énergique. Souvent, j'utilise la façon énergique ; elle permet d'épargner du temps et s'avère parfois plus efficace. Pour ce faire, il est primordial de suivre ces recommandations :

1. Il est important d'être vrai avec soi-même. Il ne faut pas jouer de jeu. Il ne faut pas, par exemple, essayer de faire prendre conscience à un enfant téflon qu'il est intelligent, si nous n'y croyons pas nous-mêmes.
2. Il est préférable d'être énergique, puissant et conscient. Vu de l'extérieur, cela ressemble un peu à une colère, mais à une colère positive. En fait, nous ne devons pas être en colère, mais ce que nous disons doit passer.
3. Il faut se respecter soi-même et ne laisser personne nous monter sur le dos.
4. Il faut respecter le jeune et ne pas lui grimper sur le dos.
5. Tout cela amène l'enfant à se respecter. En effet, il est impossible d'aider le jeune à se centrer s'il ne se respecte pas lui-même. C'est d'ailleurs le but de cette méthode : aider l'enfant à se retrouver et à s'accepter, donc, à se respecter.

Dans les deux exemples que j'ai donnés, j'ai utilisé une méthode énergique. Mais comme nous l'avons vu, il y a plusieurs façons de se servir de cet outil. La première fois, j'ai parlé directement au gamin. La deuxième fois, j'ai parlé à quelqu'un d'autre, sachant que le jeune entendait tout ce qui était dit.

Grâce à cet outil ponctuel, nous aidons l'enfant à être à la hauteur de son intelligence. Lorsque nous aimons communiquer d'intelligence à intelligence, la relation n'en est qu'améliorée. Et pour le jeune téflon, c'est souvent la seule façon intéressante d'échanger.

CHAPITRE 20

L'expérience confrontante dirigée

Parmi les outils d'intervention ponctuelle, celui-ci est l'un des meilleurs. Il a aidé des centaines de parents et d'enseignants à corriger certains comportements problématiques vis-à-vis desquels rien n'avait jusqu'alors fonctionné.

L'idée maîtresse de cette technique simple est de faire vivre au jeune les problèmes qu'il cause. Ce n'est pas une question d'œil pour œil, dent pour dent, mais bien une stratégie pédagogique qui amène l'enfant à être confronté à des situations qui le font réfléchir.

Cette expérience est dirigée, c'est-à-dire qu'elle est pédagogique et, de ce fait, cesse dès que l'enfant a compris. C'est d'ailleurs là que se démarque souvent, d'une part, la volonté d'aider le jeune et de mettre fin à un problème et, d'autre part, le besoin de se défouler et de se venger. Car bien que cet outil soit hautement efficace, il présente un certain risque. Si le parent ou le professionnel de l'éducation ne fait pas attention, il risque de profiter de l'occasion pour moraliser, dominer, ou carrément se venger des problèmes que l'enfant lui a fait vivre antérieurement. Voyons quelques exemples.

Un jour, des parents me demandèrent ce qu'ils pouvaient faire avec leur fille de quatorze ans qui laissait tout traîner. Ils m'expliquèrent que l'enfant agissait comme ça depuis sa prime jeunesse et que tout avait été tenté, des récompenses aux punitions sévères, mais en vain. J'expliquai donc la méthode de l'expérience confrontante dirigée aux deux parents appliquée à leur situation. Je posai quelques questions et j'appris, entre autres, que la jeune fille avait un ami qui la visitait régulièrement. Je suggérai au père de laisser traîner ses propres sous-vêtements dans la chambre de sa fille, avant qu'elle ne revienne de l'école avec son copain. Ce qui fut fait.

À son retour, l'adolescente se rendit directement dans sa chambre, accompagnée, comme toujours, de son ami. La découverte des sous-vêtements sur son lit fit l'effet attendu. Elle ressortit de sa chambre en colère, assez gênée d'avoir découvert « ça » devant son copain. Elle alla trouver directement son père et se mit à l'engueuler.

Comme ce dernier savait que, pour obtenir un résultat, il devait éduquer sa fille sur un seul point à la fois, il ne broncha pas devant les insultes que lui servait l'adolescente. Lorsqu'elle arriva à bout de souffle, il en profita pour dire : « Tu laisses traîner tes affaires, si tu as ce droit, je l'ai moi aussi, je suis chez moi ! »

« Je ne laisse rien dans ta chambre » rétorqua la jeune fille. C'est devant ce genre d'argument bâti sur une logique mathématique que se retrouve souvent l'adulte qui vit avec un enfant téflon. Mais le père sut répondre de la bonne façon : « Écoute, tu laisses traîner tes affaires partout où ça te tente, alors moi aussi ! » La jeune fille relâcha la pression qui l'habitait et regarda son père de travers. Puis, elle commença à négocier. Le résultat final : personne ne laisse plus ses affaires là où ça dérange les autres. Si le père avait profité du fait que sa fille souffrait pour la première fois d'un comportement similaire au sien pour lui faire la morale, il aurait perdu une belle occasion d'améliorer sa condition de vie.

Tous les discours comme ceux qui suivent sont dangereux et ne servent qu'au défoulement de l'adulte.

Ils ne règlent absolument rien et devraient être évités à tout prix:

- Tu vois ce que ça fait quand les autres laissent traîner leurs affaires, hein?
- Bon, j'espère que tu comprends maintenant ce que nous endurons depuis des années?
- Tu n'aimes pas ça, hein? Ça te dérange quand nous faisons comme toi...?

Je le répète, cet outil d'intervention ponctuelle n'a rien à voir avec la loi du talion «œil pour œil, dent pour dent». Parfois, nous répétons sensiblement le même comportement de l'enfant afin de lui faire prendre conscience des troubles qu'il cause. Mais ce n'est pas toujours le cas. Il arrive aussi que nous soyons obligés d'imaginer une expérience confrontante dirigée qui ne ressemble en rien à son comportement.

Nous devons choisir la voie la plus facile et la plus efficace. Pour ce faire, il est souhaitable de bien définir l'objectif de notre intervention, c'est-à-dire de bien cerner le comportement que nous voulons corriger et les résultats que nous désirons obtenir. Il est bon aussi de déterminer d'avance les limites de notre intervention. Il ne faut pas aller trop loin car, de cette façon, nous entrons dans la zone de moralisation, de défoulement et de dominance. C'est dans cette zone que nous gâchons tout notre travail.

Prenons un autre exemple. Un enfant téflon arrivait souvent en retard et forçait ainsi ses parents à l'attendre. La moralisation, la culpabilisation, les menaces et les promesses de récompense n'avaient rien donné. Je suggérai aux parents l'expérience confrontante dirigée.

Dans ce cas, le père devait créer des événements nouveaux permettant d'appliquer la méthode. Il invita donc son enfant à aller au cinéma avec lui, à la sortie d'une activité parascolaire. Ils fixèrent l'heure du rendez-vous, le lieu de rencontre et planifièrent leur sortie pour le lendemain soir.

Une journée plus tard, le parent arriva à l'heure au rendez-vous et, comme d'habitude, il constata que son fils n'y était pas. Il attendit donc une dizaine de minutes, puis quitta les lieux et se dirigea vers le cinéma. Il assista seul à la représentation. Cela ne fit pas son bonheur, mais ce fut utile pour faire vivre à son fils une problématique résultant de son comportement. Durant ce temps, ce dernier l'attendait de pied ferme à la maison. Aussitôt son père arrivé, il se mit à lui faire la morale et à l'engueuler de l'avoir laissé attendre comme un imbécile sur un coin de rue. Le discours de l'adulte fut simple : « Nous avions pourtant rendez-vous à 17 h 30. Je suis arrivé à l'heure mais tu n'étais pas là. J'ai attendu une dizaine de minutes. Rien. Alors je suis allé voir le film tout seul. Il était vraiment drôle. »

Le jeune garçon protesta encore, mais avec moins de puissance. Le père finit par conclure en lui disant qu'il ne l'obligeait pas à être à l'heure, qu'il ne disait même rien pour les dix minutes qu'il avait dû attendre, mais que son fils ne pouvait pas non plus l'obliger à poiroter à un coin de rue parce qu'il ne s'arrangeait pas pour être à l'heure.

Le parent organisa d'autres activités que son enfant aimait particulièrement. Chaque fois, ils se sont donné rendez-vous. Au début, l'adolescent arrivait en retard, mais des retards de moins en moins longs. Il a bien essayé de convaincre son père de l'attendre au moins une quinzaine de minutes lorsqu'il n'était pas à l'heure, mais celui-ci a catégoriquement refusé. Il a même diminué son temps d'attente à quelques minutes.

Depuis, son enfant a appris les avantages que comportait l'assiduité. Son problème de retard n'a pas complètement disparu, mais il s'est grandement amélioré. Pour une fois, une méthode pédagogique avait fonctionné.

L'expérience confrontante dirigée est un outil merveilleux qui peut résoudre des problèmes apparemment insolubles. Lorsqu'un enfant téflon est confronté à des problèmes reliés à son comportement, il change, dans la majorité des cas du moins. Cela lui rapporte alors quelque chose de changer, et il le fait spontanément.

CHAPITRE 21

La différence de potentiel

Très souvent, l'enfant téflon crée des problèmes uniquement parce qu'il n'a pas appris à apprécier ce qui l'entoure et ce qu'il vit. Il peut se sentir manipulé alors que ce n'est pas le cas. Il peut avoir l'impression d'être délaissé, alors que c'est faux. Parce qu'il n'a pas de repère pour comparer, il peut revendiquer certaines choses, et par conséquent causer des problèmes dans son entourage.

Cet outil sert justement à créer une différence marquée entre deux états opposés, ce qui j'appelle une différence de potentiel. Nous pourrions le résumer en disant que si notre enfant se plaignait de ne pas avoir assez de jouets, il suffirait de le placer dans une situation où il n'en a plus du tout pour lui faire prendre conscience qu'il en a. Selon le dicton : « C'est la nuit qu'on voit que le soleil existe ! »

Prenons un exemple très fréquent : un parent, exaspéré, crie régulièrement après son jeune. Ici, il n'y a pas de différence de potentiel. Parce que l'adulte crie souvent, l'enfant ne voit pas de différence entre les vraies colères de son parent et les autres fois où il crie de toute façon. Pour établir une différence de potentiel, il suffit de ne crier que lorsque nous voulons vraiment être compris. Je ne dis pas que le fait de crier doit faire partie d'une stratégie pédagogique, je me sers uniquement de cet exemple pour démontrer ce qu'est une différence de potentiel et les effets que cet outil peut avoir en pédagogie. Lorsqu'un parent qui ne crie jamais est amené à le faire, cela a un impact beaucoup plus grand sur le jeune. Il y aura donc un effet et, souvent, un résultat.

La première chose qu'il est donc souhaitable de faire pour créer une différence de potentiel, c'est de conserver un état familial ou scolaire dans lequel cet outil peut être exprimé. Si nous sommes toujours à l'une des extrémités, comme le parent qui crie tout le temps, nous ne pourrons l'utiliser.

Si nous reprenons l'exemple de l'enfant qui arrive souvent en retard, problème que nous avons résolu par l'expérience confrontante dirigée, nous verrons là aussi les effets bénéfiques de la différence de potentiel. De fait, le jeune garçon a été confronté à cette différence de potentiel entre les fois où il a ce qu'il aime, en arrivant à l'heure à ses rendez-vous, et les fois où il est malheureux parce qu'il doit vivre avec les conséquences de son retard.

Prenons un autre exemple, celui d'un jeune de quatre ans qui était absolument asocial. Personne n'arrivait à l'endurer car il était violent et, à cause de plusieurs problèmes familiaux, il n'avait jamais appris à communiquer autrement qu'en mordant et en frappant. Après avoir essayé les moyens conventionnels, c'est-à-dire la discussion, les explications, la morale, l'amour, la culpabilité, les menaces et les punitions, son oncle, qui en avait la garde, tenta d'établir une différence de potentiel. Sa technique fut simple. Chaque fois que le jeune approchait de lui avec un comportement violent, il se levait et imitait plus ou moins un ours en colère, en rugissant comme un lion et en battant des bras comme un gorille. C'était assez impressionnant et le jeune disparaissait rapidement.

De cette façon, l'oncle avait établi l'une des deux extrémités nécessaires pour avoir une différence de potentiel. Il lui fallait maintenant établir l'autre, l'extrémité douce. Pour ce faire, chaque fois que le jeune était « relativement » calme et peu agressif, il lui parlait d'une voix douce et agissait d'une façon extrêmement amicale avec lui. Il y avait là toute une différence entre les deux extrémités. Et pour que le jeune puisse apprécier cette différence, elle devait justement être grande. Il ne fallait pas laisser de place à la nuance. C'est pourquoi l'imitation de la bête en colère était nécessaire, même si elle peut paraître exagérée.

Pour que cet outil fonctionne bien, il est souhaitable de l'utiliser de façon cohérente et continue. Par conséquent, nous ne devons pas nuancer sans arrêt notre façon de faire. Si, dans l'exemple cité précédemment, l'oncle avait imité de temps en temps un gros ours en colère, puis de temps en temps un lion ou un chien plus ou moins en colère, il aurait dilué la différence de potentiel.

Plus les extrêmes sont éloignés, plus ils sont clairs. Cet élément est essentiel au bon fonctionnement de la méthode. Moins nous modifions la nature de ces extrêmes, plus nous avons de chances que cela fonctionne.

CHAPITRE 22

La détermination du terrain

Parfois, le jeune téflon nous amène sur son terrain, là où il est particulièrement efficace pour manipuler et nous le suivons dans le but de l'éduquer. C'est souvent une erreur. Dans d'autres cas, il passe sans arrêt de son terrain au nôtre, et du nôtre au sien. Là encore, si nous essayons de le suivre sans comprendre sa stratégie, nous risquons d'avoir de la difficulté à communiquer positivement avec lui. Pour faciliter la vie à tous, il est important de déterminer le terrain sur lequel fonctionner.

Prenons un exemple. Un jeune garçon de cinq ans brisait sans cesse les choses qui appartenaient à sa mère. Celle-ci me confia qu'elle avait tout essayé pour mettre fin à ce comportement, mais cela n'avait rien donné. Son gamin, un téflon, était assez puissant dans la famille. Il avait, hélas! des droits acquis depuis longtemps et savait manipuler ses parents. Il acceptait les lois de sa mère lorsque cela lui rapportait quelque chose, mais il préférait utiliser les siennes quand cela faisait davantage son affaire.

Le garçon était d'accord avec son parent sur un point important : il faut respecter les choses des autres. Évidemment, il tenait à cette loi lorsque ses choses à lui étaient en jeu… Mais lorsqu'il avait le goût de prendre ce qui ne lui appartenait pas, il préférait utiliser une de ses règles : « Je peux faire ce que je veux, c'est ma vie et personne n'a le droit de m'en empêcher. » Il était impossible à la mère de lui faire vivre d'expérience confrontante sur ce plan, car l'enfant changeait continuellement le terrain (les règles) sur lequel il communiquait avec son parent.

La mère dut donc commencer par établir le terrain sur lequel communiquer et vivre avec son fils avant de le confronter. Pour ce faire, elle dit à son gamin : « Tu veux mener ta vie à ta façon et je veux mener la mienne à ma façon. Nous ne pouvons pas fonctionner ici avec les deux façons à la fois. J'ai pris la décision que, parce que tu ne voulais pas suivre ma façon de faire, alors je vais suivre la tienne. » Au début, le jeune était tout content, certain d'avoir gagné la partie. Mais progressivement, il changea d'avis lorsque sa mère se mit à briser certains de ses jouets. « Depuis que je suis au monde, lui dit-il, tu me répètes sans cesse d'être doux et, aujourd'hui, tu brises mes choses ! » « Je suis tes règles, répliqua la mère. Oublie tout ce que je t'ai dit. Ce que j'ai dit, ce sont mes règles, mais tu ne veux pas vivre avec elles même si elles nous rendent plus heureux. C'est à toi de décider, nous faisons à ta tête ou à la mienne. »

Rapidement, le garçon a abdiqué et a cessé de jouer sur les deux terrains. La détermination du terrain, associée à l'expérience confrontante dirigée, a permis de rendre la mère et le jeune plus heureux.

Dans un autre cas, le père d'une jeune fille téflon a déterminé le terrain en se respectant lui-même. Il a simplement imposé son espace vital à son enfant. Lorsque sa fille avait cinq ans, il lui a clairement expliqué qu'elle vivait chez lui et que c'était ses règles à lui qu'elle allait suivre. Il lui a bien fait comprendre où étaient les limites de l'espace vital de son enfant et lui a dit que le reste de la maison appartenait aux parents. Il lui a expliqué qu'elle serait toujours la bienvenue, mais que les règles de la maison étaient ses règles à lui !

L'idée de base du père est simple et efficace. Car pour bien fonctionner, il faut établir ce cadre en l'expliquant clairement à l'enfant. Si nous nous contentons uniquement d'imposer notre discipline à notre jeune, il est fort probable qu'il ne l'acceptera pas ou qu'il ne l'acceptera qu'à moitié.

Il est intéressant de discuter des règlements familiaux avec le jeune, mais très souvent, cette méthode est une forme de manipulation pour amener l'enfant à être d'accord avec ce que nous voulons qu'il fasse. Par conséquent, il est à prévoir qu'elle ne collera pas sur l'enfant téflon et, même si ce dernier joue le jeu, il ne respectera pas sa parole.

Il est souvent préférable d'établir nous-mêmes le terrain sur lequel nous voulons vivre. Pour ce faire, il convient d'instaurer des normes philosophiques plutôt que matérielles. Par exemple, nous pouvons lui expliquer clairement que nous voulons vivre heureux et que nous ne tolérerons rien qui puisse empêcher cela. Nous pouvons lui dire que personne dans cette maison ne sera l'esclave de l'autre.

Le fait d'établir des règles philosophiques ou morales permet au jeune téflon de modeler lui-même sa propre discipline et d'agir de façon plus écologique et plus ajustée aux désirs et aux besoins de l'ensemble. Si nos demandes sont intelligentes et d'ordre philosophique, c'est-à-dire logiques et tirées du bon sens, il acceptera plus facilement de venir sur notre terrain.

L'impression d'être manipulé n'apparaît pas si nous lui expliquons clairement les choses. Il sait qu'il n'a pas le choix – et c'est important, il ne doit pas avoir le choix, sauf si c'est volontairement qu'on lui donne. Il ne faut pas qu'il puisse nous grimper sur le dos. Évidemment, si nous voulons nous assurer de cela, il ne faut pas non plus lui grimper sur le dos. Le respect doit être mutuel.

L'impression de manipulation est plus évidente pour lui si nous essayons de le culpabiliser, de lui faire la morale, de lui faire comprendre notre position en tentant de le raisonner. C'est tout à fait autre chose si nous lui disons simplement ce que nous voulons. Par exemple, il est préférable de lui dire « Écoute, dans ma maison, personne ne laisse traîner ses affaires partout » que d'utiliser des arguments basés sur les émotions comme « Te rends-tu compte que tu déranges tout le monde ? », « Pourquoi laisses-tu traîner tes affaires comme cela ? » ou « Ce que tu peux être salaud ! »

Pour l'enfant téflon, nous avons droit à nos opinions, et nous sommes respectables si nous sommes capables de les exprimer et de les défendre. Ce n'est pas de la manipulation. C'est un fait que c'est nous, les parents, qui payons le logement ou la maison, qui payons la nourriture, ses jouets, son éducation, ses remèdes, et tout ce dont il a besoin. Nous sommes chez nous et il est notre invité. Un invité que nous aimons. C'est d'ailleurs pour cela que nous acceptons de lui donner autant. Mais il n'a pas le droit de nous menacer et de revendiquer.

Il doit avoir le droit de parler, de discuter avec nous, mais ce n'est pas à lui de prendre le contrôle de la maison. Et, l'histoire l'a amplement prouvé, il ne peut y avoir plus d'un chef pour diriger. Il est donc illusoire de prétendre à une vie familiale où tout le monde décide de tout. Le plus fort l'emportera, sinon la dispute sera permanente.

Le jeune téflon est souvent capable de gérer sa vie et il en fera sûrement la demande dès son jeune âge. Mais ce n'est pas une raison pour qu'il gère aussi la nôtre. Je connais plusieurs jeunes qui, dès l'âge de trois ou quatre ans, ont dit à leurs parents que leur vie leur appartenait et que c'était à eux de décider ce qu'ils feraient avec elle. Ces enfants téflons ont raison. Mais les parents ont aussi une vie à eux et ce n'est pas à leur enfant, téflon ou non, de venir la diriger.

Si nous nous respectons personnellement, si nous respectons notre jeune, alors il sera possible pour tous d'avoir un terrain commun de vie. Mais c'est au parent de déterminer en premier lieu ce terrain de vie et de communication. Plus tard, si tout va bien, il pourra alors accepter de le modifier pour y intégrer les désirs de son enfant. Mais jamais il ne doit le faire parce que l'enfant le manipule.

Parce que notre société n'a pas su conserver son terrain face à la relève des jeunes, elle a fini par démissionner. On la trouve souvent trop permissive, alors que c'est le contraire, elle ne l'est plus assez. Elle ne permet pas aux jeunes de vivre, mais elle les laisse faire ce qu'ils veulent. Ce n'est pas une permission, c'est une démission. Tout cela est un problème de terrain. Socialement, nous sommes allés éduquer les jeunes sur leur terrain. Alors, dans la majorité des cas, chacun est perdant.

Une mère me disait lors d'une émission de radio qu'elle avait tout donné à ses enfants, tout ce qu'ils voulaient. Je lui ai dit que, quand on donne réellement, on donne ce que nous, nous voulons donner et non pas ce qu'eux veulent avoir. Si je leur donne tout ce qu'ils veulent, je ne donne pas. Ils prennent. C'est très différent. J'ai ajouté après un moment que probablement elle n'avait même pas le temps de donner parce que ses enfants prenaient avant qu'elle ne puisse le faire. Elle m'a alors confirmé que c'était exactement ce qui se passait.

Pour pouvoir permettre, il faut contrôler ses affaires. Il faut contrôler sa vie. Il faut se respecter et évoluer sur le terrain que nous avons choisi.

L'enfant téflon essayera souvent de nous amener sur son terrain. Il sait que nous devenons beaucoup plus manipulables si nous quittons le nôtre. Mais comme nous l'avons vu, il peut aussi jouer sur les deux terrains, quand cela sert ses objectifs. C'est à nous de trancher.

Tableaux des outils d'intervention ponctuelle

LA « CENTRISATION »

AFFIRMATION : Je suis centré. Il est centré.

1. Il faut le ramener à ce qu'il est.
   1.1 S'assurer de travailler avec le vrai jeune.
   1.2 L'aider à se hisser dans son intelligence.

2. La colère positive.
   2.1 Être vrai avec nous-même.
   2.2 Être énergique et puissant.
   2.3 Se respecter.
   2.4 Le respecter.
   2.5 L'aider à se respecter.

L'EXPÉRIENCE CONFRONTANTE DIRIGÉE (ECD)

OBJECTIF : Confronter le jeune aux problèmes qu'il cause et qu'il fait vivre à l'entourage.

1. Trouver l'expérience à faire vivre au jeune.
   1.1 Veiller à ce que la relation soit évidente entre ce qu'il cause et l'ECD.
   1.2 Choisir le bon moment.

2. Ne pas se défouler sur le jeune.
   2.1 Agir en pédagogue et non en personne frustrée ou écœurée.
   2.2 Arrêter l'ECD dès que le jeune est prêt à un compromis ou à modifier son comportement.

LA DIFFÉRENCE DE POTENTIEL

OBJECTIF : Créer une différence entre deux états, deux situations, pour aider l'enfant à nuancer sa pensée.

1. Établir les deux extrémités.
   1.1 Établir l'extrémité désirée (ce que nous voulons vivre ou comment nous voulons vivre).
   1.2 Établir l'extrémité contraire (ce que nous ne voulons pas vivre ou comment nous ne voulons pas vivre).

2. Ne pas se tenir sans arrêt à l'extrémité contraire.

LE TERRAIN

OBJECTIF : Amener le jeune à vivre sur notre terrain, selon nos lois.

1. Prendre conscience du terrain sur lequel nous évoluons pour éduquer notre enfant.

2. Établir le terrain sur lequel nous voulons vivre.

LA « NUANCIATION »

OBJECTIF : Aider le jeune à nuancer sa pensée de façon à ajuster sa vision de la réalité.

1. On peut utiliser l'échelle de « nuanciation ».
   1.1 De 0 à 10, 0 étant le plus bas et 10 étant le plus haut, comment trouves-tu cette situation ?

2. Demander d'expliquer un mot particulier.
   2.1 Que veux-tu dire par le plus bas...

QUATRIÈME PARTIE

Les algorithmes de questionnement et d'intervention

Nous voici maintenant à la partie très pratique de ce volume consacrée aux procédures de questionnement et d'intervention. Elle a été conçue pour aider les parents et les professionnels de l'éducation ainsi que les psychologues et les autres intervenants à mieux travailler et à mieux vivre avec ce type d'enfant. Les suggestions qui suivent découlent de mes observations auprès des gens qui ont du succès avec les enfants téflons. J'ai, pour ainsi dire, codifié leur démarche. Chaque fois qu'un intervenant efficace agit avec un tel jeune, il se pose inconsciemment toute une série de questions et tire des conclusions qui dirigent sa démarche. Alors, j'ai répertorié ces processus et je les ai simplifiés pour pouvoir les enseigner dans les ateliers et les cours que je donne un peu partout dans le monde.

Il est à noter que vous trouverez à la fin de cette section une série de tableaux qui illustrent les algorithmes de questionnement et d'intervention.

CHAPITRE 23

Des exemples pratiques d'intervention

La démarche suivante a changé la vie de milliers de parents et de jeunes. Elle s'applique à presque tous les types de problèmes et d'enfants. Elle est aussi bonne pour régler un problème scolaire que pour résoudre un problème de délinquance avancée. Nous la verrons en détail, puis nous la reverrons à travers quelques exemples d'intervention.

Cette procédure utilise plusieurs des outils que nous venons de voir. Selon les situations, d'autres techniques peuvent aider à rendre encore plus efficace cette intervention. Les outils essentiels pour couvrir toute la procédure sont :

— la complicité ;
— la « nuanciation » ;
— l'élimination des fausses raisons ;
— l'établissement d'un but.

La première chose que le jeune fait lorsqu'il affronte la vie, c'est de recueillir des informations. Pour cela, il utilise des stratégies de collecte de données. S'il se sent agressé, s'il a peur ou s'il est écœuré de telle ou telle situation, il utilisera une stratégie de défense, c'est-à-dire qu'il ne recueillera que ce qui lui permet de voir les dangers ou de confirmer son écœurement.

Pour l'aider, nous devons, soit changer la stratégie qu'il utilise (mais ce n'est pas le propos de ce volume), soit lui offrir des données qui l'amèneront à changer sa représentation de la réalité. C'est ce que nous allons faire en utilisant la « nuanciation ».

Nous avons vu que, si nous essayons de modifier directement la représentation de la réalité qu'a notre jeune, nous n'obtenons à peu près aucun résultat. Il est important de bien comprendre ce fait. Il ne sert presque à rien de vouloir changer directement la représentation de la réalité que se fait l'enfant téflon. Il est plus facile et plus efficace de changer celle-ci en passant par la collecte des données. La meilleure façon de changer cette représentation est de fournir à l'enfant des données supplémentaires. De cette façon, de lui-même, en utilisant ses propres stratégies de traitement de l'information, il peut changer sa vision de la réalité sans entrer en conflit avec nous.

La procédure à suivre va normalement comme suit :

1. Établir la communication en essayant d'être complice.
2. Nuancer sa pensée.
3. Éliminer les fausses raisons.
4. Amener le jeune à se fixer un but.
5. Trouver un but commun.
6. Évaluer l'écart entre le but et la réalité.
7. Aider le jeune à résoudre les problèmes qui se présentent.

Cette procédure est utile pour résoudre toutes sortes de problèmes, des petits aux plus gros. Les travailleurs sociaux, les enseignants, les policiers, les juges et les parents peuvent se servir de cette démarche avec succès. Chaque fois que je l'utilise, j'obtiens des résultats surprenants.

Comme nous avons vu en détail les outils nécessaires pour appliquer cette formule, je me contenterai de donner des exemples d'intervention.

Premièrement, nous allons voir une intervention sans l'utilisation de la procédure, telle qu'elle a été faite par un premier intervenant, puis la démarche suivie par un travailleur social qui utilise cette méthode.

Une jeune fille de seize ans vient d'être arrêtée pour vol à l'étalage. Elle est amenée au poste de police et rencontre un travailleur social. Les deux policiers qui l'encadrent l'assoient devant ce dernier et quittent la pièce. La jeune fille tourne la tête vers le mur, dans la direction opposée à son interlocuteur.

Travailleur social : Les policiers m'ont dit que tu avais volé quelque chose au magasin. Qu'as-tu volé ?

Jeune fille : Je n'ai rien volé !

Le travailleur social se lève, contourne la table et vient se placer devant la jeune fille, près du mur. Celle-ci tourne aussitôt la tête dans l'autre direction, fuyant toujours le regard de l'homme.

Ts : Écoute ! Tu as été prise sur le fait, en train de voler des cosmétiques, alors ne le nie pas, veux-tu ?

Jf : Je n'ai rien volé. Je regardais seulement et ces imbéciles de poulets m'ont arrêtée.

Ts : Tu as dû voler, lors d'autres occasions, pour qu'ils croient que tu voulais voler encore.

Jf : Cette fois-ci, je ne volais pas !

Ts : Écoute ! Tu as un problème et je veux seulement t'aider.

Jf : Tu ne veux pas m'aider, tu veux seulement te faire de l'argent sur mon dos… Ah, et puis, je ne parle plus !

La conversation s'arrête là, en effet. Le travailleur social ne réussira pas à obtenir plus d'information.

(Il est important de ne pas juger les travailleurs sociaux à la suite de cet exemple, car sur le terrain les choses ne sont pas toujours faciles, ni évidentes. Les échecs foisonnent dans ce métier, mais les réussites sont tout aussi nombreuses. Je prends un exemple pour démontrer les qualités d'une méthode d'intervention et non pour dénigrer les travailleurs sociaux. Ceci dit, continuons.)

Étape 1 : Établir la communication en essayant d'être complice

La jeune fille retrouve sa liberté. Hélas ! quelques semaines plus tard, elle est amenée encore une fois au poste de police pour vol à l'étalage. Le scénario précédent se répète. Elle est conduite par deux policiers dans une salle où se trouve un autre travailleur social. Après s'être assise, elle tourne à nouveau le dos à son interlocuteur et regarde le mur.

Ts : J'espère que les deux imbéciles qui t'ont amenée ici ont au moins eu l'intelligence de te dire pourquoi tu devais me rencontrer.

La jeune fille se tourne immédiatement vers l'homme et le regarde comme s'il était un extraterrestre. Le fait que le travailleur social ait utilisé une entrée en matière en accord avec les idées de l'adolescente a eu de l'effet. Pour elle, les policiers, ainsi qu'une bonne partie de la société, font partie des imbéciles. Le fait que l'homme en face d'elle ait ouvert la communication de cette façon l'a touchée.

Jf : Ils ne m'ont absolument rien dit, ils sont trop cons pour cela. Tout ce qui les branche, c'est d'être les plus forts.

Ts : Eh bien, tu es ici, avec moi, parce qu'ils croient que tu as un problème et que, selon eux, je peux t'aider.

La jeune fille regarde l'intervenant droit dans les yeux.

Jf : Tu ne veux pas m'aider ! Tu fais cela pour de l'argent…

Ts : C'est vrai que je fais ce travail pour gagner ma vie. Mais je le fais aussi parce que j'aime travailler avec les jeunes. Je crois en eux, et le fait d'être payé pour faire ce que j'aime ne me dérange absolument pas. C'est un peu ma petite vengeance sur le système.

Jf : Sais-tu que tu es pas mal différent des autres ?

Ts : Oh oui ! je le sais. J'en ai eu des problèmes, toute ma jeunesse ! Mais comme tu le vois, j'ai réussi à faire mon nid et à faire ma place.

Jf : Pourquoi m'aiderais-tu ?

Ts : Je ne sais pas exactement. D'ailleurs, je ne sais même pas si je peux t'aider. Peut-être n'as-tu pas besoin d'aide après tout. Je ne sais pas, nous ne nous connaissons pas encore.

Jf : Tu es vraiment spécial !

Ts : Je sais ! Je suis spécial et je suis travailleur social. Nous avons été enfermés ici tous les deux pour discuter de tes actions. Tu veux qu'on en parle ou tu préfères qu'on passe le temps autrement ?

Jf : Bof ! Aussi bien en parler, tant qu'à y être.

Étapes 2 et 3 : Nuancer sa pensée et éliminer les fausses raisons

Ts : Les gens croient que tu voles des choses dans leur magasin. Est-ce que ça t'est déjà arrivé de faire ça ?

Jf : Ouais ! comme tout le monde.

Ts : Pourquoi voles-tu comme ça ?

Jf : Parce que je n'ai pas d'argent et avec tout ce qu'ils mettent sur les étalages, c'est tentant.

Ts : Tu me dis que tu voles parce que tu manques d'argent, c'est bien ça ?

Jf : Ben ouais ! Tout coûte tellement cher !

Ts : Je vais te poser une question. Tu me réponds si tu veux, mais réponds-moi honnêtement, sinon ne me réponds pas, d'accord ?

Jf : D'accord.

Ts : Si tu avais suffisamment d'argent, commettrais-tu encore quelques petits vols ?

La jeune fille réfléchit.

Jf : Probablement.

Le travailleur social, qui sait maintenant que la jeune fille ne vole pas par manque d'argent, poursuit le travail d'élimination des fausses raisons.

Ts : Pourquoi, selon toi, volerais-tu quand même de temps en temps ?

L'adolescente réfléchit encore.

Jf : Probablement pour écœurer ma mère.

Ts : Tu veux écœurer ta mère ?

Cette question a été posée de façon neutre. Elle n'était pas menaçante.

Jf : Ouais ! Elle m'a assez fait chier, c'est à son tour.

Ts : Si, un jour, ta mère meurt, selon toi, vas-tu continuer à voler ?

Jf : Pourquoi pas ?

Ts : Si tu étais heureuse avec ta mère, crois-tu que tu volerais quand même de temps en temps ?

Jf : Je déteste ma mère !

Ts : Oui, je comprends, mais si tu ne la détestais pas, crois-tu que tu aurais encore le goût de voler ?

La jeune fille réfléchit encore un instant.

Jf : Peut-être, mais probablement moins.

Le travailleur social sait maintenant que la jeune fille ne vole pas uniquement pour déranger sa mère, mais qu'elle le fait aussi pour autre chose. Il lui reste à trouver quoi.

Ts : Pourquoi, selon toi, volerais-tu encore ?

Jf : Pour ne pas passer pour une peureuse devant mes amis.

Ts : Si tes amis ne volaient pas dans les magasins et que ta mère était en bonne relation avec toi, crois-tu que tu volerais encore ?

Jf : Non, je ne pense pas.

Le travailleur social en sait plus qu'au début sur l'adolescente, mais il y a quelque chose de plus intéressant : la jeune fille, elle aussi, en sait plus sur elle qu'avant l'entrevue. Par la « nuanciation » et l'élimination des fausses raisons, elle a obtenu des informations pertinentes sur elle-même et sur ce qu'elle vit. Au fur et à mesure que nous apprenons, elle apprend. Chaque fois, une fausse raison tombe et oblige la jeune fille à rectifier son tir, c'est-à-dire à modifier sa représentation de la réalité.

Ts : La conversation est intéressante. Si j'ai bien compris, tu voles surtout pour te faire accepter par tes amis et pour te venger de ta mère, c'est bien ça ?

Jf : Oui.

Ts : Volerais-tu quelqu'un de pauvre qui mendie sur la rue ?

Jf : Non, mais, pour qui me prends-tu ?

Ts : Écoute, on ne se connaît que depuis dix minutes, alors je te pose simplement des questions pour mieux te connaître.

Jf : Non, je ne volerais pas un pauvre parce qu'il a assez de misère comme ça.

Le travailleur social pose encore quelques questions afin d'évaluer la philosophie de vie de la jeune fille. Puis, il revient sur la vie actuelle de l'adolescente.

Ts : Comment trouves-tu ta vie, actuellement ?

Jf : Assez chiante, merci !

Ts : Que veux-tu dire par « assez chiante » ?

Jf : Assez chiante quoi, tout le monde est sur mon dos, je n'ai rien, tout va mal. Chiante quoi !

Ts : Tu me dis que tout le monde est sur ton dos. Même tes amis sont sur ton dos ?

Jf : Mais non, pas eux quand même !

Ts : Et à part eux, y a-t-il d'autres personnes qui ne sont pas sur ton dos ?

Jf : Non, je ne vois pas.

Ts : Moi, suis-je sur ton dos ? J'ai besoin de le savoir parce que je ne veux surtout pas agir comme ça.

Jf : Non, pas pour l'instant.

La jeune fille, en nuançant ses dires, apprend que tout le monde n'est pas contre elle. Le travailleur social poursuit.

Ts : Quand tu dis que tu n'as rien, que veux-tu dire ?

Jf : Mais, je n'ai rien à moi... à part ces pantalons et cette blouse.

Ts : Honnêtement, tu n'as absolument rien d'autre ?

Jf : Bah ! Oui, j'ai bien quelques autres choses, mais ce n'est pas l'abondance.

Ts : Sur une échelle de 0 à 10, 0 représentant la pauvreté du clochard et 10 la richesse de tes voisins, comment évalues-tu ta situation ?

Le travailleur social n'a pas utilisé les mots pauvreté ni richesse ; il a choisi le mot situation afin de ne pas diriger la réponse de la jeune fille. Ce qu'il faut faire, c'est récolter des informations et non faire dire à l'adolescente ce qu'il veut entendre.

Jf : De 0 à 10... avec mes voisins... peut-être 6.

Ts : 6 ? Alors tu n'es pas si démunie que ça ?

Jf : Ce n'est pas la misère noire, mais ce n'est pas le bonheur non plus.

Parce que l'adolescente vient de prononcer le mot bonheur, le travailleur social en profite pour amorcer la recherche d'un but.

Étape 4 : Amener l'enfant à se fixer un but

Ts : Aimerais-tu être heureuse ?

Jf : Qui n'aimerait pas ça ?

Ts : Moi, c'est mon but principal, être heureux envers et contre tout. Mais toi, tu voudrais être plus heureuse ?

Le travailleur social exprime son but et, au lieu de commenter la réponse de la jeune fille, reformule la question.

Jf : Oui, j'aimerais bien être plus heureuse.

Ts : Quel est ton but, actuellement, dans la vie ?

Jf : Survivre.

Ts : Qu'entends-tu par survivre ?

Jf : Je ne sais pas... me rendre au lendemain.

Ts : Et tu as besoin de voler pour écœurer ta mère afin de te rendre au lendemain ?

Jf : Elle, elle ne mérite que ça !

Ts : Quel est ton but, actuellement, dans ta vie ?

Jf : Me venger de ma mère.

Ts : Mais tu m'as dit que tu aimerais être plus heureuse.

Jf : Oui, c'est vrai.

Ts : Qu'est-ce qui est le plus important pour toi, te venger de ta mère, ou être plus heureuse ?

La jeune fille réfléchit. Elle voit les enjeux de ses réponses et essaie d'être rusée.

Jf : Je suis heureuse lorsque je me venge de ma mère.

Ts : Je comprends cela, mais je veux juste savoir lequel des deux est le plus important, déranger ta mère ou être heureuse ?

La jeune fille réfléchit encore un instant.

Jf : Bien, c'est d'être heureuse, évidemment...

Étape 5 : Trouver un but commun

Ts : Je ne veux pas te piéger. Je veux seulement te connaître mieux. Nous savons déjà tous les deux que tu ne voles pas parce que tu manques vraiment de biens, mais que tu veux déranger ta mère et être acceptée par tes amis. En plus, comme moi, tu veux être heureuse.

Jf : Enfin, j'essaye de l'être.

Étape 6 : Évaluer l'écart entre le but et la réalité

Ts : Si tu avais un outil, un truc, pour t'aider à être plus heureuse, aimerais-tu ça ?

Jf : Parce que, toi, tu as un truc pour le bonheur ?

Ts : Réponds juste à ma question. Si tu avais un moyen d'améliorer ton bonheur, t'en servirais-tu ?

Jf : J'imagine que oui.

Ts : Sais-tu ce qui est bon pour toi et ce qui ne l'est pas ?

Jf : Des fois oui, des fois non.

Ts : Sais-tu quelles sont les choses à faire pour être plus heureuse, pour être mieux dans ta peau et dans ta vie ?

Jf : Même réponse.

Ts : Moi, j'utilise une méthode pour m'aider à mieux comprendre et pour améliorer ma vie. Ça fonctionne à merveille. Veux-tu que je t'en parle ?

Jf : Oui…

Ts : Premièrement, j'ai cherché un but. Je me suis posé la question : « Quel est mon véritable but dans la vie ? » Pour répondre, j'ai utilisé un moyen assez efficace. Quand je pensais que c'était d'aider les autres, je me suis posé la question suivante : « Si je devenais malheureux en aidant les autres, est-ce que je voudrais encore les aider ? »

Jf : Et tu as répondu « non ».

Ts : Exactement. J'ai donc découvert que mon but n'était pas d'aider les gens. Mon véritable but était d'être heureux.

Jf : Moi aussi, c'est ça, je veux être heureuse.

Ts : Alors, j'ai essayé de comprendre pourquoi je n'y étais pas parvenu.

Jf : Et tu as trouvé ?

Ts : En partie, oui. C'était parce que je me posais les mauvaises questions, et parce que je confondais souvent mon but et le moyen que j'avais choisi pour y parvenir.

Étape 7 : Aider le jeune à résoudre les problèmes qui se présentent

Le travailleur social poursuit ainsi son discours. La jeune fille est ouverte et est prête à apprendre de lui. En quelques minutes, elle a déjà appris plus sur elle que ces derniers mois. Elle a pris conscience qu'elle avait un but plus valable et plus profond. L'intervenant peut maintenant mieux discuter avec elle et il peut plus facilement l'aider. Car ils ont un but commun : être heureux. La jeune fille sait maintenant comment peser le pour et le contre de ses actions et de ses décisions.

Le travail suivant consiste à réévaluer sa représentation de la réalité et à passer aux résolutions de problèmes. Pour cela, il faut l'amener à évaluer l'écart qui existe entre son but et la réalité.

Pour la suite du travail d'intervention, le travailleur social peut utiliser son expérience, basée sur les outils que j'ai présentés dans ce volume.

* * *

Prenons un autre exemple : celui d'un jeune qui n'aime pas l'école et qui, de ce fait, ne fait rien de bon en classe. Il a neuf ans.

Parent : Pourquoi ne fais-tu rien en classe ?

Jeune : Parce que c'est ennuyant. Il n'y a rien d'intéressant et le prof est toujours contre moi.

Étape 1 : Établir la communication en essayant d'être complice

P : J'avoue que, moi aussi, j'ai rarement trouvé l'école intéressante.

J : On ne fait que des choses qui ne me plaisent pas.

P : Je sais. Par contre, aujourd'hui, je suis bien content d'y être allé. Ça me permet de gagner assez d'argent pour nous faire vivre.

J : Je sais bien que c'est important, mais je m'ennuie à mourir. Tout est ennuyant, et le prof ne me lâche pas une seconde.

Étapes 2 et 3 : Nuancer sa pensée et éliminer les fausses raisons

P : Que veux-tu dire par ennuyant ?

J : Qu'il n'y a rien d'intéressant !

P : Selon toi, il n'y a pas une seule minute qui soit intéressante ?

J : Oui, il y a bien des fois où c'est mieux, mais le prof est toujours sur mon dos.

P : Combien de temps dure ta journée d'école ?

J : Je ne sais pas exactement. Trop longtemps.

P : Combien d'heures, à peu près ?

J : Environ six heures.

P : Et sur ces six heures, jamais le professeur ne te laisse en paix, même pas une minute ?

J : Oui, bien sûr. Il y a quand même des moments où il est occupé avec d'autres élèves.

P : Sur une période d'une heure, combien de temps te dérange-t-il ?

J : Je ne sais pas, moi. Au moins une fois toutes les dix minutes.

P : Et quand il te dérange comme ça, combien de temps ça dure ?

J : Bah ! Ce n'est pas long… Nous sommes une trentaine dans la classe, alors il n'a pas trop de temps.

P : Mais ça dure combien de temps ? Dix secondes ? Une minute ?

J : Disons trente secondes, pour faire une moyenne.

P : Si je comprends bien, ton professeur te dérange environ six fois par heure et environ trente secondes par fois, c'est ça ?

J : Ça ressemble à ça !

P : Cela te fait à peu près trois minutes de dérangement par heure et dix-huit minutes par jour. Donc, il y a cinquante-sept minutes par heure où tu as la paix et cinq heures quarante-deux minutes par jour où il ne te dérange pas. C'est pas si pire. Selon toi, si ton professeur te laissait en paix toute la journée, aimerais-tu plus aller à l'école ?

J : Non, je ne crois pas.

P : Si les journées étaient moins ennuyantes, aimerais-tu ça ?

J : Probablement, mais c'est ennuyant.

P : Sur une échelle de 0 à 10, 0 étant très ennuyant et 10 très intéressant, où situerais-tu tes journées d'école ?

Le jeune garçon réfléchit quelques instants.

J : Autour de 6.

P : Si haut que ça ? Mais alors, tu aimes aller à l'école…

J : Oui, mais c'est surtout mon cours de mathématiques que je déteste.

P : Voudrais-tu aimer ce cours ?

J : Oui, mais je n'y arrive pas.

P : Selon toi, pourquoi n'y arrives-tu pas ?

J : Je ne sais pas.

P : Comprends-tu bien ce que le professeur explique ?

J : Pas très bien, non !

P : Et dans les autres matières, tu comprends bien ?

J : Assez, oui.

Le parent sait maintenant pourquoi son fils n'aime pas l'école. Premièrement, c'est surtout le cours de mathématiques qu'il n'aime pas et ce n'est pas la faute du professeur. Il semble que ce soit uniquement parce qu'il a de la difficulté à suivre le cours.

Étape 4 : Amener l'enfant à se fixer un but

P : Aimerais-tu réussir ce cours facilement ?

J : Oui, bien sûr ! Je fais régulièrement des efforts, mais ça ne donne absolument rien.

P : Pourquoi aimerais-tu réussir ce cours ?

J : Je serais mieux. Je ne m'ennuierais plus à l'école. Je serais plus tranquille dans ma tête.

Étape 5 : Trouver un but commun

P : Si je pouvais t'aider, accepterais-tu que je le fasse ?

J : Ça dépend comment !

P : Je ne serai pas sur ton dos, mais je peux peut-être te donner quelques trucs pour te faciliter la vie pendant ce cours.

J : Oui, je veux bien.

P : Parfait, mais nous devons nous donner des objectifs et nous faire une discipline commune. Cela va nous demander un peu d'efforts, mais si tu es prêt à faire ces efforts, alors je suis prêt moi aussi.

J : Oui, je veux m'aider.

Étape 6 : Évaluer l'écart entre le but et la réalité

P : Tu vas me sortir toutes tes affaires de mathématiques et nous allons regarder ensemble où tu en es.

Le parent a maintenant tous les outils en main pour aider son enfant. Ils doivent fixer tous les deux des objectifs et travailler ensemble pour les atteindre.

Étape 7 : Aider le jeune à résoudre les problèmes qui se présentent

Le parent doit démontrer qu'on peut apprendre les mathématiques. Pour ce, il devra peut-être lire, s'informer ou demander de l'aide extérieure afin de mettre ses connaissances à jour dans ce domaine. Mais s'il veut aider son garçon, il trouvera l'énergie pour faire ce qu'il faut. Si le parent est dynamique, alors le jeune le deviendra aussi et résoudra ses problèmes.

Tableaux des algorithmes de questionnement et d'intervention

Algorithme d'intervention 1a

La relation avec l'enfant est claire, intelligente, honnête, vivante et plaisante.

OUI : Passer à l'algorithme 1b.

NON : L'enfant est agréable et il a le goût de parler.

- **NON** :
  1. Apprivoiser l'enfant.
     1.1 Faire preuve de douceur.
     1.2 Il faut savoir utiliser les débuts (un déménagement, un début de semaine, une nouvelle année). On peut en créer.
- **OUI** : L'enfant se connaît bien et il s'accepte bien. Il est bien dans sa peau.
  - **NON** :
    1. Travailler l'identité et non la personnalité.
       1.1 Aider l'enfant à accepter qui il est.
       1.2 Ne pas faire affaire avec une personnalité de surface.
    2. Lui expliquer qui il est. (**outil : « centrisation »**)
       2.1 Lui faire découvrir ses qualités.
       2.2 Lui faire découvrir ses défauts.
    3. Discuter psychologie.
    4. Discuter philosophie.
  - **OUI** : L'enfant se respecte et me respecte.
    - **NON** :
      1. Pour me faire respecter, je dois me respecter moi-même.
         1.1 Personne ne peut me grimper sur le dos.
         1.2 Je ne grimpe sur le dos de personne.
      2. Il doit se respecter. (**outil : « centrisation »**)
         2.1 Il doit être à la hauteur de ce qu'il est.
         2.2 Il doit être cohérent.
         2.3 Il doit s'aimer.
    - **OUI** : Passer à l'algorithme 1b.

Algorithme d'intervention 1b

La relation avec l'enfant est claire, intelligente, honnête, vivante et plaisante (suite).

NON

Le jeune est capable de rétroaction.

OUI

Passer à l'algorithme 2.

NON

1. Je dois communiquer.
   1.1 Attention au bruit.
   1.2 Je dois savoir s'il a reçu mon message.
      1.2.1 Je dois décoder ses gestes.
      1.2.2 Il doit reformuler ce que j'ai dit.
2. Il doit communiquer.
   2.1 Attention au bruit.
   2.2 Il dit savoir si son message a été reçu.
      2.2.1 Je dois décoder et reformuler ce qu'il a dit.

OUI

L'enfant est capable de réciprocité.

NON

3. Il doit y avoir réciprocité.
   3.1 Je peux entamer une conversation.
   3.2 Il doit pouvoir entamer une conversation.
   3.3 Je peux me rapprocher.
   3.4 Il doit pouvoir se rapprocher.
   3.5 Je peux lui communiquer mes sentiments.
   3.6 Il doit pouvoir me communiquer ses sentiments.

OUI

Passer à l'algorithme 2.

Algorithme d'intervention 2

Je peux aider l'enfant.
Il accepte bien, comprend et est positif.

OUI

Passer à l'algorithme 3.

NON

Nous avons une complicité face à sa vie.

NON

1. Le jeune doit avoir droit à ses opinions.
   1.1 Il doit avoir des opinions. (**outil: « opinionisation »**)
   1.2 Il doit savoir communiquer. (**outil: communication**)
2. Il doit avoir le droit de dire ses opinions.
3. Il doit pouvoir partager des opinions.
4. Il faut que l'intervenant soit naturel et transparent. Il ne doit pas jouer un rôle (parent, enseignant, psychologue, etc.).
5. Le jeune doit avoir un allié dans le monde des adultes.
6. Il faut lui donner raison lorsqu'il a raison.

OUI

L'enfant est ouvert aux compromis.

NON

1. Il faut empêcher les droits acquis, chez le jeune comme chez l'adulte.
   1.1 Il faut faire attention à l'habitude, cela nuit souvent au maintien du respect.
   1.2 Il faut intervenir immédiatement.
2. Il ne faut pas banaliser les événements problématiques: manque de respect, violence, refus de communiquer, etc.
   2.1 Ne pas espérer que tout se placera tout seul.
   2.2 Ne pas exagérer la portée des événements.

OUI

Le jeune communique avec une logique humaine.

NON

1. Lui expliquer les principes de la logique humaine.
   1.1 Faire attention à la « mentalisation ».
   1.2 Rester cohérent.

OUI

Passer à l'algorithme 3.

Algorithme d'intervention 3

Le cadre d'intervention est adapté à l'enfant téflon.

- **OUI** → Passer à l'algorithme 4.
- **NON** → **Le cadre de vie est cohérent.**

Le cadre de vie est cohérent.

- **NON** →
  1. Le cadre est cohérent.
     - 1.1 Il y a le moins possible de contradictions.
     - 1.2 Il y a une continuité dans les demandes, dans la discipline, etc.
  2. Lui donner des raisons intelligentes.
     - 2.1 Attention aux raisons émotives.
     - 2.2 Les raisons doivent être ajustées au jeune et non uniquement à l'adulte.
  3. Être logique.
     - 3.1 Selon la logique mathématique.
     - 3.2 Selon la logique humaine.
- **OUI** → **Le discours est adapté aux besoins de l'enfant téflon.**

Le discours est adapté aux besoins de l'enfant téflon.

- **NON** →
  1. Discours logique, sans émotion.
  2. Discours qui le surprend, discours non moralisateur, non habituel.
  3. Ne pas le culpabiliser.
  4. Changer son comportement ou faire des efforts doit lui rapporter quelque chose.
  5. Le discours doit tenir compte des vrais problèmes.
  6. Le discours doit être clair et précis.
     - 6.1 Il doit traiter des faits.
     - 6.2 Il faut traiter un problème à la fois.
     - 6.3 Il faut être direct.
  7. Il faut souvent être philosophe.
  8. Il faut un discours amical, même s'il est parfois autoritaire. (**outil : « centrisation »**)
  9. Il faut être transparent. (**outil : « opinionisation »**)
- **OUI** → Passer à l'algorithme 4.

Algorithme d'intervention 4

Le cadre dans lequel vit le jeune est adapté à l'enfant téflon.

NON

Le cadre d'intervention est cohérent.

OUI

Il ne devrait pas y avoir de problème.

NON

1. Les parents doivent être cohérents.
   1.1 Il doit y avoir le moins de contradictions possible.
   1.2 Il doit y avoir une continuité dans les demandes, dans la discipline, etc.
2. Les parents doivent être capables de lui donner des raisons intelligentes.
   2.1 Attention aux raisons émotives.
   2.2 Les raisons doivent être ajustées au jeune et non uniquement au parent.
3. Être logique.
   3.1 Selon la logique mathématique.
   3.2 Selon la logique humaine.

OUI

Le discours des parents est adapté aux besoins de l'enfant téflon.

NON

1. Discours logique, sans émotion.
2. Discours qui le surprend, non moralisateur, non habituel.
3. Ne pas le culpabiliser.
4. Changer non comportement ou faire des efforts doit lui rapporter quelque chose.
5. Le discours doit tenir compte des vrais problèmes.
6. Le discours doit être clair et précis.
   6.1 Il doit traiter des faits.
   6.2 Il faut traiter un problème à la fois.
   6.3 Il faut être direct.
7. Il faut souvent être philosophe.
8. Il faut un discours amical, même s'il est parfois autoritaire. (**outil : « centrisation »**)
9. Il faut être transparent. (**outil : « opinionisation »**)

OUI

Il ne devrait pas y avoir de problème.

Conclusion

L'enfant téflon n'est pas un monstre. C'est un enfant émancipé, c'est tout. Mais pour qu'il puisse s'intégrer dans notre société, il faut l'aider. Tous les jeunes ont besoin d'aide, mais ils n'ont pas tous besoin de la même forme d'aide. Pour l'enfant téflon, cette aide doit revêtir les habits de l'intelligence, de la cohérence, de la continuité, de la nouveauté et du respect.

Tous nos jeunes téflons peuvent vivre heureux dans une société qui s'adapte à leurs besoins. Mais hélas ! notre société n'a pas encore compris l'importance de s'occuper de ses enfants. Tant que les jeunes n'auront pas le droit de voter, ils ne compteront pas. Bien sûr, nous les aimons, mais ce n'est souvent pas assez, du moins pas pour l'enfant téflon.

Socialement, nous ne nous intéressons à leurs problèmes que lorsqu'ils deviennent les nôtres. Le décrochage, par exemple, est un problème de jeune. Pendant longtemps, la société n'a rien fait pour le contrer ; elle ne voulait même pas l'admettre et encore moins en parler. Puis un jour, le pourcentage de jeunes qui décrochaient fut si effarant que les adultes eurent de la difficulté à aller travailler : ils devaient s'occuper de leurs enfants qui n'allaient plus à l'école.

Alors, le gouvernement s'est lancé dans une campagne pour solutionner ce problème. Mais quel problème ? Celui du décrochage des jeunes ou celui des travailleurs qui ne pouvaient plus vaquer à leurs occupations ? L'ensemble des recherches démontre que le décrochage se prépare au primaire, mais que les jeunes décrochent une fois rendus au secondaire. Si nous voulons vraiment résoudre ce problème, il nous faut investir surtout au primaire, à la source. Le gouvernement a bien investi des millions de dollars, mais la majorité ont été accordés au niveau secondaire. Pourquoi ? Parce qu'ainsi, il réglait le problème des travailleurs. Les jeunes sont alors retournés dans leurs garderies respectives, qu'ils appellent « école », et leurs parents sont retournés travailler.

Individuellement, nous avons souvent de bonnes intentions face à nos jeunes. C'est socialement que rien ne va. Les enfants vont dans les maternelles où ils apprennent de belles choses. C'est souvent là qu'ils reçoivent la meilleure éducation scolaire. Puis, ils se retrouvent au primaire. C'est un autre monde. Alors qu'ils pouvaient jouer, parler et rire à la maternelle, ils doivent maintenant se taire et ne plus bouger. Il y a une séparation importante entre ces deux mondes.

Quelques années plus tard, les jeunes se retrouvent au secondaire. Là encore, tout est différent. Ils ne conservent plus le même professeur durant toute l'année. Les structures sont différentes et la façon de vivre l'école qu'ils ont développée au primaire ne leur est d'aucune utilité.

Finalement, s'ils poursuivent leurs études, ils se retrouvent au cégep. Alors là, ils se sentent perdus. Ils sont laissés à eux-mêmes et c'est à eux de décider s'ils vont à leurs cours ou s'ils préfèrent la salle des étudiants.

Tout le système d'éducation québécois est morcelé et il n'y a aucune linéarité entre ces différents blocs. Les sociétés n'ont pas de vision systémique de la vie, de l'enfant, de l'adulte, de l'être humain. Le problème face à un enfant téflon, c'est que sa façon de voir le monde est plus systémique. De ce fait, il découvre rapidement les incohérences qui l'entourent. Alors, après avoir essayé de comprendre et de s'adapter, il résiste.

Pour aider un jeune téflon, il faut souvent agir seul, ignoré des autres, et parfois contre les autres. Il faut décider de quel côté nous voulons vivre : vivons-nous pour nous et notre jeune ou pour nous et la société ?

Il y aura toujours des gens pour nous détester, pour nous critiquer, pour nous attaquer. Même si nous faisons tout pour nous faire aimer de tout le monde, nous ne réussirons pas. Alors, il est souhaitable de mettre nos efforts d'abord dans notre vie familiale, dans nos relations avec nos proches. Bien sûr, il est préférable de bien s'entendre avec tout le monde, mais il fait savoir où commencer. Avec sa famille ou avec les étrangers ?

L'enfant téflon est un être formidable, comme tous les êtres humains quels que soient la couleur de leur peau, leur sexe ou leur âge. Il est différent et plus nous accepterons cette différence, plus les choses iront bien, pour lui et pour nous.

Vivre avec un enfant téflon, c'est comme vivre avec n'importe quel être humain. Il faut apprendre à tenir compte des différences et accepter celles qui sont positives ou neutres. Plus on apprend à vivre avec elles, plus les choses deviennent faciles. Les problèmes qui paraissent souvent insurmontables au départ disparaissent progressivement, laissant place à une vie plus heureuse et plus enrichissante.

Être un enfant téflon, ce n'est pas être un enfant malade. Être parent d'enfant téflon, ce n'est pas la fin du monde. À chaque problème, il y a toujours une trentaine de solutions. Il faut, pour les trouver, savoir regarder partout et ne plus se limiter uniquement aux solutions traditionnelles.

L'enfant téflon est un enfant nouveau. Il a besoin d'un cadre neuf pour être heureux. Si les méthodes d'intervention anciennes ne collent pas sur lui, en revanche tout ce qui provient du neuf colle très bien. C'est, en fait, une bonne chose que nous ayons ce type de jeunes. Ils secouent les puces de nos sociétés et nous obligent à rester alertes face à nous-mêmes et face à la vie.

Il y a longtemps, il y a eu la libération de l'homme.

Il y a moins longtemps, il y a eu la libération de la femme.

Peut-être assisterons-nous bientôt à la libération de l'enfant…

Table des matières